Märchen von Männern

Herausgegeben von
Stephan Marks

Fischer
Taschenbuch
Verlag

Märchen der Welt
Lektorat: Monika A. Weißenberger

Originalausgabe
Veröffentlicht im Fischer Taschenbuch Verlag GmbH,
Frankfurt am Main, Oktober 1993

© 1993 Fischer Taschenbuch Verlag GmbH, Frankfurt am Main
Umschlaggestaltung: Thomas & Thomas Design, Heidesheim
Satz: Fotosatz Otto Gutfreund GmbH, Darmstadt
Druck und Bindung: Clausen & Bosse, Leck
Printed in Germany
ISBN 3-596-11392-X

Inhalt

≡�II≡II≡II≡

Engagierte, lebensbejahende Männer

Weinende Männer

≡║≡║≡║≡

Männer, so das herkömmliche Ideal,
sollen sich beherrschen und nicht weinen.
Aber in den Märchen verschiedenster Kulturen
begegnen uns Männer, die ihre Gefühle zulassen,
weinende Helden.

Kambyses und Psammenit

≡ΙΙ≡ΙΙΙ≡ΙΙ≡

Der Perserkönig Kambyses hatte einst Psammenit, den König von Ägypten, besiegt und seine Hauptstadt Memphis erobert. Am zehnten Tage nach der Eroberung wollte er dem Besiegten eine rechte Schmach antun, da mußte dieser mit anderen Ägyptern in der Vorstadt niedersitzen, wo dann Kambyses seine Seelenstärke auf die Probe stellte: Er schickte die Tochter des Königs in Sklavenkleidung mit einem Eimer zum Wasserholen hinaus und mit ihr noch andere auserlesene Jungfrauen, Töchter der ersten Männer, in gleicher Tracht wie die Königstochter. Als nun die Jungfrauen unter lautem Jammern und Weinen an ihren Vätern vorbeigingen, da schrien alle laut auf und weinten auch, da sie sahen, wie übel man ihre Kinder behandelte, Psammenit aber blickte hin, sah es wohl und senkte sein Antlitz zur Erde. Als nun die Wasserträgerinnen vorübergegangen waren, schickte Kambyses den Sohn des Psammenit hinaus mit zweitausend Ägyptern gleichen Alters, und hatten alle einen Strick um den Hals und einen Zaum im Munde. So sah nun Psammenit die Knaben vorübergehen, merkte auch, daß man seinen Sohn zum Tode führe; während aber die anderen Ägypter, die dabeisaßen, weinten und außer sich waren, machte er es ebenso wie bei seiner Tochter. Als dann auch diese vorüber waren, traf es sich, daß ein älterer Mann aus der Zahl seiner Trinkgenossen, der um seine ganze Habe gekommen war und nun als Bettler die Soldaten um Almosen anging, an Psammenit, dem Sohne des Amasis, und den Ägyptern, die dort in der Vorstadt saßen, vorbeikam. Wie Psammenit den sah, da weinte er laut auf, rief den Freund beim Namen und schlug sein Haupt.

Nun aber waren etliche unter den Wächtern, die alles, was er jedesmal tat, dem Kambyses anzeigten. Der wunderte sich über dies Benehmen, schickte einen Boten und ließ also fragen: »Mein Herr Kambyses fragt dich, o Psammenit, warum du beim Anblick deiner Tochter in so traurigem Aufzug und deines Sohnes auf seinem Todeswege weder geschrien noch geweint hast, den Bettler dagegen, der doch, wie er hört, kein Angehöriger von dir ist, solcher Teilnahme gewürdigt hast?« So ließ Kambyses fragen; die Antwort aber lautete: »O Sohn des Kyros, mein häusliches Unglück war zu groß zum Weinen, das Leiden des Freundes aber war der Tränen würdig, der an der Schwelle des Alters aus großem Wohlstand heraus an den Bettelstab gekommen ist.«

Und da diese Antwort dem Kambyses hinterbracht wurde, dünkte es ihm und allen, die bei ihm waren, wohlgesprochen, und dem Kroisos seien, wie die Ägypter erzählen, die Tränen gekommen (denn auch dieser war dem Kambyses nach Ägypten gefolgt), und ebenso auch den anwesenden Persern; selbst den Kambyses wandelte eine Regung des Mitleids an, und er gab sogleich Befehl, den Sohn aus der Zahl der zum Tode Bestimmten zu retten und den Psammenit selbst aus der Vorstadt zu ihm zu holen. Den Sohn freilich fanden die Boten nicht mehr am Leben, vielmehr war er zuerst hingerichtet worden; den Psammenit aber hießen sie aufstehen und führten ihn vor Kambyses. Dort verbrachte er fortan sein Leben, ohne ein weiteres Leid zu erfahren.

[Märchen des klassischen Altertums]

Der Vogel Gkión

Es waren einmal zwei Brüder, und der eine von ihnen war Hüter in den Weinbergen. Zu diesem sagte einst der andere, welcher Antonis hieß: »Heute abend komme ich und stehle dir Trauben.«

Da entgegnete jener: »Komm nur, ich erschieße dich.«

Am Abend kam Antonis wirklich und versuchte, Weintrauben zu stehlen. Sein Bruder schoß, nur um ihn zu erschrecken, traf ihn jedoch wider Willen; und als er näher kam, fand er ihn in seinem Blute. Da bat er Gott in seinem Schmerz, er möge ihn in einen Vogel verwandeln, auf daß er ewig seinen Bruder beweine. Gott erhörte ihn und verwandelte ihn in den Vogel Gkión. Seitdem klagt er um seinen Bruder Antonis und ruft in einem fort: »Nton, Nton!«, und nicht eher hört er zu klagen auf, als bis ihm Blut aus dem Schnabel fließt. Das ist ihm ein Zeichen, daß der getötete Bruder sein Blut als Sühne entgegennimmt, und so gewinnt dann endlich der Vogel, halb tot vor Erschöpfung, Ruhe.

[Griechisches Märchen]

Mataora und Niwareka

Das ist die Geschichte von Mataora, der in der Unterwelt die Kunst des Tätowierens erlernte und sie in die obere Welt zurückbrachte.

Eines Tages, als Mataora gerade in der Sonne lag und schlief, kamen einige Turehu vorbei und blieben stehen, um ihn anzuschauen. Diese jungen Frauen waren nicht von dieser Welt, daher hatten sie noch nie einen so gutaussehenden jungen Häuptling gesehen. Die Turehu sind ein merkwürdiges kleines Volk mit blasser Haut und hellen, langen Haaren. Ihre Heimat ist in der Unterwelt, dort sind sie Geister. Diese Turehu standen also um Mataora herum, und bewunderten sein Aussehen. Ihre Gegenwart weckte ihn auf. Er war so überrascht, daß er sie fragte: »Seid ihr Frauen?« Und sie antworteten: »Bist du ein Mann?« Daher zeigte er ihnen seine Männlichkeit.

Dann lud er sie ein: »Kommt zu mir nach Hause«, und sie taten es. Aber sie gingen nicht in Mataoras Haus, und sie aßen auch nicht von den Speisen, die er ihnen anbot. Es waren gekochte Speisen, so etwas hatten sie noch nie gesehen. Sie sagten, es sei verdorben und daß sie es nicht anrühren würden. Daher mußte Mataora ungekochte Speisen für sie besorgen.

Nachdem sie gegessen hatten, wollte Mataora seine Gäste unterhalten. Dazu holte er sein Maipi, seine hölzerne Waffe, hervor und gab damit an. Er tänzelte und sprang umher, er zog Gesichter und streckte seine Zunge heraus, bis sie sein Kinn bedeckte, und er warf das Maipi in die Luft, als wäre es nicht schwerer als ein Stöckchen. Nachher versuchten die Turehu, das Maipi aufzuheben, und sie staunten über Mataoras Kraft.

Als Gegenleistung gaben die Turehu ihm eine Tanzvorstellung. Sie stellten sich in zwei Reihen auf, und eine von ihnen trat vor, um den Tanz anzuführen. Mataora hörte, wie sie ihren Namen sagten, er lautete Niwareka. Sie führten einen Tanz auf, der ganz anders war als die Tänze, die Mataora je gesehen hatte. Sie faßten sich zu zweit an den Händen und tanzten und sangen. Dann hielten zwei ihre Hände in die Höhe, während die anderen darunter hindurchgingen. Diese Turehu hatten so langes Haar, daß es ihnen bis zur Hüfte herabhing und sie bedeckte. Ihre Röcke waren aus Seegras.

Niwareka war die Tochter von Uetonga, einem Nachkommen von Hine nui te Po, der Göttin der Nacht, und deren Mann Ruaumoko, dem Gott des Erdbebens. Niwareka war schön; Mataora begehrte sie. Als für die Turehu die Zeit kam, sein Haus zu verlassen, überredete er Niwareka, zu bleiben und seine Frau zu sein. Sie lebten ruhig miteinander und waren zufrieden, obwohl Mataora ein Mann von dieser Welt war und gekochte Speisen aß, während Niwareka zur Unterwelt gehörte. Aber eines Tages geschah etwas, was Mataora eifersüchtig machte, und er schlug seine Frau.

Niwareka war so bestürzt, daß sie kaum sprechen konnte. In ihrem Land schlugen die Männer die Frauen nicht. Als Mataora sie schlug, erschrak Niwareka so sehr, daß sie das Haus verließ und zu ihrem Volk zurückkehrte.

Mataora bereute, was er getan hatte. Er trauerte um Niwareka und vermißte sie sehr. Er beschloß, sich auf den Weg zu machen und sie zu suchen. Er ging zuerst nach Tahuaroa im sehr fernen Land mit Namen Irihia, dort, wo der riesige Berg Hikurangi steht, dessen Gipfel in die Himmel ragt. Die Menschen dort hatten jedoch keine Nachricht von Niwareka, und so ging er weiter nach Poutererangi, dem Eingang zur Unterwelt, der von Te Kuwatawata bewacht wird. Den fragte Mataora: »Hast du eine junge Frau hier vorbeigehen sehen?«

»Wie sieht sie aus?« fragte Te Kuwatawata.

»Sie hat helles Haar«, sagte Mataora.

»Sie ging hier vorbei und weinte«, antwortete Te Kuwatawata. Mataora war ermutigt, als er hörte, daß sie noch weinte.

Te Kuwatawata erlaubte ihm, in die Unterwelt einzutreten. Er trug Speisen aus seiner Welt bei sich, und als er weiterging, traf er Tiwaiwaka, die Pfauentaube, die vor seinem Gesicht umherflatterte und ihn erfreute. »Was tun die Leute hier unten?« erkundigte sich Mataora beim Vogel.

»Sie sind mit der Kumara-Ernte beschäftigt«, sagte Tiwaiwaka. »Einige bauen Häuser, andere fischen. Einige lassen Drachen fliegen, und andere sind beim Tätowieren.«

Mataora fragte Tiwaiwaka, ob er Niwareka gesehen habe. »Sie ging hier vorbei mit geschwollenen Augen und hängenden Lippen«, antwortete Tiwaiwaka, und Mataora ging voller Hoffnung weiter.

Er setzte seine Reise fort, bis er das Haus von Uetonga erreichte. Seinen Namen kennen heute alle Menschen: In der Unterwelt war er der Fachmann für Tätowierungen, und von ihm stammen alle Tätowierungsmuster der Oberwelt. Uetonga tätowierte gerade das Gesicht eines Häuptlings. Dieser lag mit geballten Fäusten und zuckenden Fußzehen auf dem Boden, während Niwarekas Vater sein Gesicht mit einem Knochenmeißel bearbeitete. Mataora war sehr überrascht, als er sah, daß Blut von der Wange des Häuptlings floß. Mataora hatte auch ein Muster auf dem Gesicht (Moko), aber es war mit Ocker und blauem Ton gemalt, so wie es damals in der Oberwelt gemacht wurde. Aber so ein Moko, wie Uetonga es machte, hatte Mataora noch nie gesehen, und er sagte zu ihm: »Du machst das falsch. Oh, du alter Mann. Wir machen es anders.«

»Ganz recht«, erwiderte Uetonga, »ihr macht es anders. Aber ihr macht es falsch. Was ihr da oben macht, ist nur gut für den Wald. Aber siehst du«, sagte er und streckte seine Hand nach Mataoras Wange aus, »es läßt sich abreiben.« Uetonga verschmierte mit seinen Fingern Mataoras Gesichtsfarben und verdarb sein Aussehen. Alle umhersitzenden Leute lachten und Uetonga mit ihnen.

»In der Oberwelt sind die Verzierungen nur aufgemalt«, sagte Uetonga. »Höre, Mann von der Oberwelt, es gibt folgende Verzierungen: Es gibt Webmuster für die schönsten Umhänge; es gibt Holzschnitzereien für Häuser, Waffen und große Kanus; und es gibt Mokos so wie dieses. All diese Muster sind dauerhaft, denn sie gehen in die Tiefe. Aber das da auf deinem Gesicht, das geht nicht in die Tiefe, das kann weggerieben werden.«

Mataora dachte darüber nach und sagte dann zu Uetonga: »Herr, du hast recht. Du mußt mein Moko richtig machen. Mache es so wie das Gesicht dieses Mannes.«

Und so wurde der Häuptling, dessen Gesicht blutete, weggeschickt, und Uetongas Helfer wuschen Mataoras Gesichtsfarbe weg und machten ihn bereit. Dann nahm Uetonga seinen Knochenmeißel, tauchte seine Spitzen in eine Mischung aus Kauri, Ruß und Haifischöl und begann zu arbeiten. Er fing mit Mataoras Kinn und Unterlippe an. Vor Schmerz ballte Mataora seine Fäuste und krümmte seine Beine. Aber er war fest entschlossen, sich nicht anmerken zu lassen, wie sehr es ihm weh tat. Seine Lippen schwollen an, und als ihn vor Schmerz dürstete, konnte er nicht trinken. Daher brachten sie ihm Wasser mit einem Kürbis und schütteten es durch einen Trichter in seinen Mund. Es war ein schön geschnitzter Holztrichter, die Vorlage für die Trichter, die unsere Tätowierungskünstler heute benutzen.

Der Schmerz machte Mataora beinahe ohnmächtig. Um ihn zu stärken und seine Schmerzen zu lindern, setzten sich einige Frauen zu ihm und sangen ein Lied. Um den Leuten zu zeigen, daß er die Schmerzen ertragen könne, sang auch Mataora ihnen ein Lied vor, ein selbsterfundenes Lied, welches aber ein wenig durcheinander war. Es fing so an:

> »Niwareka!
> Niwareka, großes Entzücken!
> Wegen dir bin ich in die Dunkelheit gekommen,
> in die äußerste Dunkelheit!
> Sprich vom Schmerz
> der Geliebten
> Die in Ahuaha ist
> Und in Rangatira,
> Und in Nuku moana ariki...«

Nun hörte eine von Uetongas Töchtern den Namen ihrer Schwester im Lied dieses Mannes von der Oberwelt. Sie lief zu Niwareka, die gerade einen Umhang webte. »Oh, Niwareka«, sagte die Frau zu ihrer Schwester, »da ist ein gutaussehender Mann, der gerade von deinem Vater tätowiert wird. Er singt ein Lied, in dem dein Name vorkommt. Er ist ganz durcheinander.«
Niwareka und alle Leute, die dabeiwaren, standen auf und gingen zu Uetongas Haus, um diesen Mann zu sehen. Als sie ankamen, war sein Gesicht so geschwollen, daß er nicht aus den Augen sehen konnte. »Dieser Mann sieht wie Mataora aus, und sein Umhang sieht wie einer von mir aus«, sagte Niwareka. Sie setzte sich neben ihn und flüsterte: »Bist du Mataora?«
Er nickte als Antwort und streckte seine Hand nach ihr aus. Weinend begrüßte Niwareka ihren Mann. Dann gab sie ihm Wasser zu trinken, zerstampfte etwas zu essen und flößte es ihm durch den Trichter ein.
Als sein Gesicht geheilt war, sah Mataora außerordentlich gut aus, und er wurde von allen bewundert. Nach einiger

Zeit sagte er zu Niwareka: »Laß uns nun in meine Oberwelt zurückkehren.«

Aber Niwareka wollte nicht mit ihm gehen. Sie sagte: »Ich muß mit meinen Verwandten sprechen. Das Leben in der Oberwelt ist schlecht, dort schlagen die Männer die Frauen. Beide Welten haben von unseren Problemen gehört, Mataora.« Dann besprach sie die Angelegenheit mit ihren Verwandten. Eines Tages kam Uetonga zu Mataora. »Vielleicht hast du vor, in deine Heimat zurückzukehren«, sagte der alte Mann. »Wenn du dies willst, dann laß Niwareka hier. Ist es denn in deiner Welt üblich, daß die Männer die Frauen schlagen?«

Da schämte sich Mataora und ließ seinen Kopf hängen. Als nächster kam Niwarekas Bruder zu Mataora und sagte: »Warum bleibst du nicht hier, Mata? Du siehst doch, daß du hier willkommen bist. Du mußt doch bemerkt haben, daß die Probleme der Oberwelt alle Menschen dazu bringen, am Ende zu uns in die Unterwelt zu kommen.« Später sprach Uetonga nochmals mit Mataora. »Oh, Mata«, sagte er, »laß uns nie zu Ohren kommen, daß du noch einmal tust, was du damals in der Oberwelt getan hast. Diese Welt und die deinige sind durch einen großen Unterschied getrennt. Wir hier leben friedlich.«

Da wußte Mataora, daß die Leute beschlossen hatten, die Frau mit ihm gehen zu lassen. Er bereitete ihre Abreise vor, und sein Schwiegervater sprach noch einmal mit ihm: »Schlage Niwareka nicht ein zweites Mal.«

»Nein, Uetonga«, sagte Mataora, »das Moko, das ich nun im Gesicht trage, ist nicht mehr abzureiben.«

Mataora und Niwareka machten sich auf den Weg zurück in die Oberwelt. Zum Abschied schenkte Uetonga Mataora den Umhang Rangi haupapa. Dieser ist das Vorbild, nach dem heute alle Umhänge der Oberwelt gewebt sind. Mataora rollte ihn in seinen Regenumhang und schnürte ihn auf seinen Rücken.

Auf ihrer Reise trafen die beiden Tiwaiwaka, die Pfauentaube, die immer noch dort umherflatterte, wo Mataora sie damals getroffen hatte. Sie schlug ihren Pfauenschwanz auf und schnappte mit dem Schnabel. Tiwaiwaka hielt sie bis zum späten Frühjahr zurück. Dann ließ er sie weiterziehen mit Ruru der Eule, Pekapeka der Fledermaus und Kiwi als Führern. Mataora fürchtete, diese Wesen der Nachtwelt könnten durch das Licht der Oberwelt getötet werden, aber Tiwaiwaka sagte ihm, daß er sie stets an dunklen Orten verstecken solle. Aus diesem Grund gehen Eule, Fledermaus und Kiwi nur des Nachts aus. Sie sind Vögel, die aus der Unterwelt stammen.

Als Mataora und seine Frau den Eingang der Unterwelt erreichten, fragte sie der Te Kuwatawata, der Hüter, was sie von dort mit sich nähmen. »Nur diese Vögel und die Kunst der Gesichtstätowierung, die Uetonga mich gelehrt hat«, antwortete Mataora.

»Was ist in dem Bündel auf deinem Rücken?« fragte Te Kuwatawata.

»Nur einige alte Kleidungsstücke«, erwiderte Mataora.

»Oh, Mataora!« sagte Te Kuwatawata verärgert. »Nach dieser Lüge sollen nie wieder Menschen aus der Oberwelt durch diesen Eingang hinausgehen dürfen! Von nun an sollen sie nur noch abwärts gehen dürfen. Niemand außer den Geistern soll von hier aus je wieder nach oben gehen dürfen.«

»Warum?« fragte Mataora den Mann.

»Du hast den Rangi-haupapa-Umhang in deinem Bündel«, antwortete Te Kuwatawata. »Warum hast du mir das nicht gesagt?«

Da schämte sich Mataora für seine Vergeßlichkeit. Dies ist der Grund, weshalb seit der Zeit von Mataora und Niwareka kein lebender Mensch je von dieser Straße zurückgekehrt ist. Es ist die Straße, von der kein Reisender zurückkehrt, weil Mataora damals den Rangi haupapa verschwiegen hat.

Nachdem Mataora in seine Welt zurückgekehrt war, wurde die Kunst der Gesichtstätowierung unter unseren Leuten bekannt. Sie war von Uetonga an Mataora gelehrt worden und wurde von seinen Nachfahren von Havaiki nach Tongu nui, nach Ra'iatea, nach Hui te Rangiora und schließlich auch in unser Land gebracht.

[Märchen der Maori]

Der Kristallberg

≡╚≡╚≡╚≡

In einem Zarenreich, in irgendeinem Reich, da lebte einmal ein Zar mit seinen drei Söhnen. Eines Tages sprachen die Zarewitsche zu ihrem Vater: »Hoher Zar, gnädiger Vater, gebt uns Euern Segen. Wir wollen in die weite Welt auf die Jagd reiten.« Da segnete der Zar seine drei Söhne, und sie ritten ins freie Feld, jeder in eine andere Richtung.

Der jüngste Zarewitsch ritt und ritt, und er verirrte sich. Er suchte den Weg. Und wie er so suchte, kam er zu einer Wiese, und inmitten der Wiese lag ein totes Pferd. Das tote Pferd aber war umringt von wilden Tieren und von den Vögeln des Himmels. Wie der Zarewitsch näherritt, flog ein Falke auf, setzte sich ihm auf die Schulter und sprach: »Iwan Zarewitsch, seit dreiunddreißig Jahren streiten wir uns um dieses tote Pferd, schlichte du diesen Streit, und teile uns das tote Pferd gerecht zu!«

Da stieg Iwan Zarewitsch von seinem guten Roß und sprach: »Euch Vögeln gebe ich das Fleisch, den wilden Tieren die Knochen, den Würmern die Haut und den Ameisen den Kopf.«

»Iwan Zarewitsch«, rief der Falke, »du hast gerecht geteilt. Zum Dank dafür sollst du dich, sooft du es wünschest, in einen hellen Falken oder in eine kleine Ameise verwandeln können.«

Da warf sich Iwan Zarewitsch zur feuchten Erde, verwandelte sich in einen lichten Falken, flog hoch zur Sonne, flog über dreimal neun Reiche ins dreimal zehnte Reich. Dieses Zarenreich aber war mehr als zur Hälfte in einem Berg aus Kristall eingeschlossen. Iwan Zarewitsch flog geradewegs vor den Palast, verwandelte sich wieder in einen kühnen Recken und fragte den Wächter: »Wird Euer Herr mich wohl in seine Dienste nehmen?«

»Warum soll er solch einen stattlichen Recken nicht nehmen?«

So trat Iwan Zarewitsch in die Dienste dieses Zaren. Der aber hatte eine Tochter, die war schöner als Sonne, Mond und Sterne und schöner, als man es in einem Märchen erzählen kann.

Drei Wochen gingen vorüber. Da sprach die Zarewna: »Väterchen, hoher Zar, laßt mich doch mit Iwan Zarewitsch auf dem Glasberge ausreiten!«

Der Zar rüstete ihnen zwei schöne Pferde, und sie ritten und ritten und kamen zum Kristallberg. Wie sie aber zum Kristallberge kamen, sprang ihnen plötzlich eine goldene Ziege über den Weg. Iwan Zarewitsch jagte der Ziege nach. Auf einmal aber war sie aus seinem Augenlicht verschwunden. Als er zurückkam, war der Platz, an dem die Zarewna gewartet hatte, leer. Iwan Zarewitsch fing bitterlich an zu weinen. Die Tränen rannen ihm über das Antlitz. Er schluchzte und rief: »Wie soll ich dem Zaren je wieder unter die Augen treten?«

Da verkleidete er sich als alter Mann, kehrte zum Palaste zurück, verneigte sich vor dem Zaren und sprach: »Wollt Ihr mir nicht die Dienste eines Hirten geben?«

Da antwortete der Zar: »So weide nun meine Herde. Wenn aber der Drache mit den drei Köpfen daherfliegt, so gib ihm drei Kühe. Wenn der mit sechs Köpfen daherkommt, so gib ihm sechs Kühe. Kommt aber der Drache mit zwölf Köpfen, so übergib ihm zwölf Kühe.« Da trieb Iwan Zarewitsch die Herde hinaus ins freie Feld. Er weidete sie am Ufer des Sees. Plötzlich erhob sich aus dem See der Drache mit den drei Köpfen und schrie: »Iwan Zarewitsch, ein tapferer Recke sollte lieber kämpfen, anstatt die Herde zu hüten. Nun aber gib mir meine drei Kühe.«

»Dies ist ein zu fetter Bissen für dich!« rief Iwan Zarewitsch. »Keine einzige Kuh sollst du aus meines Herrn Herde bekommen!«

Da wurde der Drache zornig und wollte sich auf die Kühe stürzen. Iwan Zarewitsch aber verwandelte sich in einen hellen Falken und riß dem Drachen die drei Köpfe ab. Danach trieb Iwan Zarewitsch die Herde nach Hause.

»Großväterchen«, fragte ihn der Zar, »kam der dreiköpfige Drache geflogen? Hast du ihm die drei Kühe gegeben?«

»Der Drache kam geflogen«, antwortete Iwan Zarewitsch, »aber ich habe ihm keine einzige Kuh gegeben.«

Am andern Tag trieb Iwan Zarewitsch die Herde wieder hinaus ins freie Feld. Er weidete sie am Ufer des Sees. Plötzlich erhob sich aus dem See der Drache mit sechs Köpfen und schrie: »Iwan Zarewitsch, ein Recke sollte lieber kämpfen, anstatt die Kühe zu hüten. Nun aber gib mir meine sechs Kühe!«

»Dies ist ein zu fetter Bissen für dich«, rief Iwan Zarewitsch. Da wurde der Drache zornig und wollte sich auf die Kühe stürzen. Iwan Zarewitsch aber verwandelte sich in einen Falken und riß dem Drachen die sechs Köpfe ab. Danach trieb Iwan Zarewitsch die Herde nach Hause.

»Großväterchen«, fragte ihn der Zar, »kam der sechsköpfige Drache geflogen? Hast du ihm die sechs Kühe gegeben?«

»Der Drache kam geflogen«, antwortete Iwan Zarewitsch, »aber ich habe ihm keine einzige Kuh gegeben.«

Am späten Abend verwandelte sich Iwan Zarewitsch in eine Ameise und kroch in den Kristallberg. Im Innern des Berges saß die Zarewna und weinte und trauerte. Da verwandelte sich Iwan Zarewitsch in einen Menschen zurück. Und als ihn die Zarentochter erblickte, rief sie: »Iwan Zarewitsch, sei gegrüßt. Wie hast du hierhergefunden? Mich hat der Drache mit den zwölf Köpfen entführt.«

Und sie weinte bitterlich. Da weinte Iwan Zarewitsch mit ihr. Und dann sprach er: »Wie kann ich dich erlösen?«

Da sprach die Zarewna: »Der zwölfköpfige Drache lebt im See meines Vaters. In dem Drachen aber ist ein Hase. In dem Hasen ist eine Ente. In der Ente ist ein Ei und in dem Ei ein Samenkorn. Wenn du den Drachen tötest und dieses Samenkorn erlangst, kannst du den Kristallberg zum Bersten bringen und mich erlösen.«

Da kroch Iwan Zarewitsch wieder als Ameise aus dem Berg heraus, verwandelte sich wieder in einen alten Hirten und weidete seine Herde am Ufer des Sees. Da erhob sich aus dem See der Drache mit den zwölf Köpfen und schrie: »Iwan Zarewitsch, du starker Recke, was treibst du hier? Statt zu kämpfen, hütest du die Herde. Nun aber übergib mir meine zwölf Kühe!«

»Dies wäre ein zu fetter Bissen für dich!« rief Iwan Zarewitsch. Da fingen sie an zu kämpfen, und sie kämpften lange, lange. Und endlich gelang es Iwan Zarewitsch, den Drachen mit den zwölf Köpfen zu besiegen. Er schnitt den Körper des Drachen entzwei und fand auf der rechten Seite den Hasen. In dem Hasen aber war die Ente. In der Ente ein Ei. Und in dem Ei war ein Samenkorn. Da nahm Iwan Zarewitsch das Samenkorn und trug es zum Kristallberg. Da sank der Kristallberg mit lautem Bersten zusammen. Und Iwan Zarewitsch führte die Zarentochter heraus. Sie umarmten und küßten sich und weinten vor Freude. Iwan Zarewitsch brachte die Zarewna zu ihrem Vater. Und der Zar rief voll Freude: »Du sollst mein Sohn sein.« Da wurde die Hochzeitskrone über Iwan Zarewitsch und die Zarentochter gehalten. Und sie lebten voll Glück und voll Freude.

[Russisches Märchen]

Das Abenteuer im Fluß

Eines Tages waren etwa sechzig Krieger vom Stamm der Crow ausgezogen, um das Lager eines verfeindeten Stammes nördlich des Yellowstone-Flusses anzugreifen. Sie erbeuteten einige Pferde und konnten entkommen, ohne verfolgt zu werden. Auf ihrem Rückweg überquerten alle Krieger ohne Schwierigkeiten den Fluß, alle, außer einem Mann mit Namen Schlanke Frau. Er ritt das beste Pferd von allen. Obwohl es nie zuvor Angst vor dem Wasser gehabt hatte, zeigte es jetzt jedesmal, wenn es sich dem Fluß näherte, große Furcht. Trotz aller Versuche seines Reiters, es ins Wasser zu zwingen, wandte es sich mehrere Male ab. Endlich sprang es hinein. In der Mitte des Flusses aber bäumte es sich ungestüm auf, warf seinen Reiter ab und kehrte ans Ufer zurück.

Schlanke Frau wollte sein gutes Tier nicht verlieren und schwamm zum Ufer zurück. Ein zweites Mal zwang er sein Pferd in den Strom. In der Mitte aber bäumte es sich erneut auf und warf ihn ab. Diesmal schwamm sein Pferd zum gegenüberliegenden Ufer und ließ seinen Reiter, mit den Wellen kämpfend, zurück.

Obwohl die Strömung an der Stelle sehr stark war, trieb Schlanke Frau nicht ab. Und obwohl der Fluß sehr tief war, konnte er sich bald aufrichten, bis nur noch sein Unterkörper unter Wasser war. Aber er konnte anscheinend nicht ans Ufer kommen.

»Warum kommst du nicht?« riefen seine Freunde.

»Ich kann nicht«, antwortete er. »Etwas unter Wasser hat mich gepackt und hält mich fest.«

Warmes Pferd, ein tapferer junger Mann, zog sein Messer und sprang ins Wasser, um seinem Freund zu helfen. Aber als er die Stelle erreichte, versank Schlanke Frau und war nicht mehr zu sehen. Warmes Pferd und seine Begleiter suchten lange den Fluß ab, konnten aber Schlanke Frau nicht mehr erblicken. Da betrauerten sie seinen Tod und kehrten zum Crow-Dorf zurück, wo sie die Geschichte von seinem Verschwinden erzählten.

Als die Trauerzeit beendet war, erbot sich ein Krieger mit Namen Donner Medizin, zum Fluß zu gehen und den Körper des verlorenen Mannes wiederzufinden. Donner Medizin, ein Verwandter von Schlanke Frau, war ein Mann mit großer geistiger Kraft, die er vom Donner hatte. Seine Freunde flehten ihn an, nicht zu gehen, eine so gefährliche Reise nicht zu unternehmen. Aber Donner Medizin war fest entschlossen. Er überredete Langes Pferd, der bei jenem Kriegszug mit dabeigewesen war, mit ihm zu gehen und ihm die Stelle zu zeigen, wo Schlanke Frau verschwunden war.

Als sie die Stelle erreichten, führte der Fluß Hochwasser, und die Strömung war sehr stark. Langes Pferd sorgte sich um seinen Freund.

»Laß uns zurückkehren«, sagte er zu Donner Medizin. »Du wirst in diesen tobenden Fluten ums Leben kommen.«

Donner Medizin aber war überzeugt, daß seine besondere Kraft stark genug war, ihn zu beschützen. Er zog seine Kleider aus und gab Langes Pferd Anweisungen, ehe er ins Wasser stieg: »Gehe ein Stück weit vom Ufer weg. Schaue dich nicht nach dem Fluß um, sonst zerstörst du den Zauber und gefährdest mein Leben.«

Als Langes Pferd außer Sicht war, glitt Donner Medizin ins Wasser. Er hatte erwartet, sogleich in die Tiefe zu sinken, fand sich aber in Hüfthöhe auf weichem Grund, wie auf einem Grasteppich getragen. Mühelos gelangte er zu der Stelle, wo Schlanke Frau ertrunken war. Hier trug ihn plötzlich der weiche Grund nicht länger, und er versank. Alles, was er sehen konnte, war, daß er rasch von der Strömung mitgerissen wurde; wie weit, wußte er nicht. Plötzlich fiel er über ein Bootswrack und befand sich an einem trockenen Ort auf dem Grund des Flusses.

Dieser Ort, etwa dreizehn Meter im Durchmesser, war auf allen Seiten von felsigen Wänden umgeben. Oben stürzte das trübe Wasser von einer Seite des eingeschlossenen Raumes auf die andere und dann weiter, ohne daß auch nur ein Tropfen die Stelle erreichte, an der Donner Medizin stand. Zu seiner Verblüffung sah er in der Mitte der trockenen Stelle eine zerfallene Hütte, deren Dach beinahe das oben wütende Wasser berührte. Als Donner Medizin darauf zuging, öffnete ein kleines Mädchen die Tür, und er ging hinein. In der Hütte sah er einen alten Mann und eine alte Frau mit gesenkten Köpfen sitzen. Als er eintrat und sich ihnen gegenübersetzte, hoben sie weder ihre Köpfe, noch sprachen sie zu ihm. Er sah, daß sie runzelig und zerlumpt waren; sie schienen sehr alt und sehr arm zu sein. Wahrscheinlich sind sie Mann und Frau, dachte er bei sich, und das kleine Mädchen ist ihre Tochter.

Dann hörte er, wie die Frau zu ihrem Mann sprach, ohne ihren Kopf zu bewegen: »Mein Kind ist weit bis ins Land seiner Feinde gereist, um den Körper des Mannes zu finden, den du ertränkt hast. Ich habe dich gebeten, seinen Körper nicht zu essen. Ich wußte, daß seine Freunde kommen würden, ihn zu holen. Hast du denn nicht genug zu essen? Mußt du Menschen ertränken und verschlingen?«

»Wir haben vielleicht noch Reste seines Freundes«, sagte der alte Mann mit ernster Stimme. »Er wird sie bei der Tür finden.«

Donner Medizin fand neben der Tür alle Knochen von Schlanke Frau, außer dem Schädel. An den Knochen hingen noch Fleischreste. Er fand auch die weiße Perlenhalskette von Schlanke Frau und seine Ohrringe aus kostbaren Muscheln. Diese sammelte er und machte sich bereit, sie mitzunehmen.

Dann sah er, wie der alte Mann mit einem Pferd an der Hand auf ihn zukam. Das Pferd war wie die Pferde der Menschen, aber sein Haar war von der feinen Beschaffenheit und Geschmeidigkeit von Tieren, die im Wasser leben.

»Du darfst dieses Pferd mitnehmen«, sagte der alte Mann zu Donner Medizin.

Gerade als er das Halfter nehmen wollte, schrie die alte Frau: »Nimm es nicht, mein Kind! Nimm es nicht!«

»Warum nicht?« fragte er, überrascht von ihrer Eindringlichkeit.

»Ich möchte nicht, daß dir etwas zustößt, mein Kind«, erwiderte sie. »Ich meine es gut mit dir. Das Pferd ist nicht wie die Pferde in deinem Land. Es wird ein Feind eurer Pferde sein, und es hat die Kraft, sie zu töten. Dieses Pferd wird die anderen beißen, und jedes gebissene Pferd muß sterben. Höre auf meinen Rat, und lehne das Geschenk ab.«

Während die alte Frau sprach, sagte ihr Mann nichts. Sein Kopf blieb gebeugt, verdrossen schweigend. Donner Medizin hatte das sichere Gefühl, daß die alte Frau die Wahrheit gesprochen hatte, und so dankte er dem alten Mann, ließ ihm aber das Pferd. Zufrieden mit der Antwort des Fremden und offenbar besorgt, daß ihm eine neue Gefahr drohen könnte, sprach sie nochmals zu ihrem Mann: »Der Freund meines Kindes steht am Flußufer und weint um ihn, denn er glaubt, daß er wie Schlanke Frau ums Leben gekommen ist. Laß also mein Kind gehen, so daß er seinen Freund beruhigen kann. Laß ihn mit den Knochen von Schlanke Frau zu seinem Volk zurückkehren.«

»Gut«, sagte der alte Mann im selben ernsten, verdrossenen Ton. »Er soll sich auf meine Handflächen stellen und die Augen schließen.«

Er legte seine Hände mit dem Rücken auf den Boden, so daß Donner Medizin sich daraufstellen konnte. Donner Medizin tat, wie ihm geheißen worden war. Plötzlich spürte er, wie er durch das Wasser wirbelte; bald darauf stand er auf dem trockenen Flußufer. Auf der gegenüberliegenden Seite sah er Langes Pferd, der auf und ab ging, sich geißelte und um seinen Freund trauerte, den er tot wähnte. Groß war seine Überraschung und seine Freude, als Donner Medizin ihm zurief, daß er am Leben sei.

Donner Medizin hatte Angst, nochmals ins Wasser zu gehen, um das andere Ufer zu erreichen. Aber Langes Pferd sprach ihm Mut zu, und so sprang er hinein; die Knochen und den Schmuck von Schlanke Frau trug er immer noch bei sich. Zu seiner Überraschung fand er sich von demselben weichen, gras-ähnlichen Grund getragen wie zuvor. Das Wasser war viele Meter tief, und doch ging er hinüber, ohne tiefer als bis zur Taille einzusinken.

Langes Pferd erwartete ihn am Flußufer und hörte verwundert die Geschichte seines Abenteuers in der merkwürdigen Hütte unter dem Wasser. Gemeinsam kehrten sie in ihr Dorf zurück. Zusammen mit ihren Freunden begruben sie die Knochen von Schlanke Frau; die Halskette und Ohrringe aber behielt Donner Medizin als Zeichen seiner geheimnisvollen Kraft. Aufgrund dieses Erlebnisses wurde er als einer der kraftvollsten Medizinmänner seiner Zeit geehrt.

[Märchen der Crow-Indianer Nordamerikas]

Die zwei Freunde

≡II≡II≡II≡

Es geschah einmal, daß sich zwei Jünglinge an einem gewissen Vergnügungsorte begegneten. Und der eine schaute den andern mit freudvollen Augen an, so daß sie sich umarmten und vor Freude weinten. Dann schlossen sie einen Bund der Treue und sagten: »Wir werden in allen Umständen einmütig leben, ja sogar im Tode werden wir uns nicht trennen.«

Und so lebten sie denn in Liebe zusammen. War einer betrübt, so war auch der andere traurig. Derartig betrugen sie sich auch in andern Fällen.

Beide waren immer sehr tätig. Am Tage trieben sie Handel, arbeiteten im Garten oder taten andere Arbeit. Nachts aber zogen sie zum Fischfang hinaus.

Einmal waren sie wieder hinausgegangen, um Fisch zu fangen, da erkrankte der eine, daher kehrten sie schnell nach Hause zurück. Der Kranke sagte: »Lieber Freund. Ich fühle, daß ich diese Nacht sterben werde. Ich bitte dich, sei meinethalben nicht betrübt! Reiche mir deine Hand, ich will sie küssen.«

Und so starb er.

Der andere stürzte sich auf den Leichnam des teuren Freundes und weinte und rief: »Ach, mein Geliebter, in allen weiteren Sachen habe ich dir helfen können, über den Tod aber habe ich keine Gewalt und kann dir nicht den Atem zurückgeben. Ach, wenn du mich noch hören kannst, vergiß mich nicht, sondern komme morgen oder übermorgen, um mich zu rufen.«

Dann wurde sein geliebter Freund begraben, und er blieb in tiefer Traurigkeit zurück.

Geraume Weile nach dem Tod seines Freundes machte er seinen Kahn fertig, denn gegen Abend wollte er zum Fischfang hinausgehen.

Er ging zu seinem Boot und begegnete seinem verstorbenen Freund.

Bestürzt sprach er zu ihm: »Warum bist du nicht nach Hause gegangen?«

Die Seele antwortete: »Ach, das kann nicht geschehen, mein Freund! Denn ich habe keinen Körper! Nicht wahr, mein Leichnam ist ja begraben worden? *Du* kannst mich nur anschauen, meine Eltern aber, meine Verwandten und andere Menschen können mich nicht sehen. Unseres Bundes wegen bist du imstande, mich zu sehen, und deswegen habe ich die Freiheit bekommen, dir heute einen Besuch abzustatten.«

Aber es stellte sich bald heraus, daß die Gedanken der beiden Freunde verschieden geworden waren. Wenn es Tag war, so sagte der Verstorbene, es ist Nacht, kleine Fische nannte er große.

Gegen Tagesanbruch, als sie schon viele Fische gefangen hatten sagte der Verschiedene: »Freund, es wird Abend, laß uns zurückkehren, damit ich nicht durch die Nacht überfallen werde.«

Der Lebendige teilte die Fische. Die größeren gab er seinem Freunde. Dieser aber sagte: »Freund, gib mir die größeren!«

Jetzt wurde es dem Lebendigen klar, daß ihre Gedanken verschieden geworden waren.

In einer andern Nacht kam der Verstorbene abermals zu seinem Freunde: »Wenn es dir gefällt, so komme übermorgen in mein Land; denn von dem Tage an wird dort ein großes Fest, ein großes Posso (Opferfest), gefeiert, um das alte Jahr zu schließen und das neue anzufangen. Ich werde dir den Weg weisen. Am Fuße des Berges Makalansauw, nach Südwesten, ist ein Pfad. Wenn du unter einem großen

Stein ein Loch gefunden hast, so gehe hinein. Und wenn du in der Stadt angekommen bist, so merke dir dies: Wende durchaus den Kopf nicht um, sieh nicht zur linken Seite, gehe geradeaus nach Osten, ich werde dir entgegenkommen.«

Am bestimmten Tage ging der Lebendige, der Einladung zufolge.

Als er am erwähnten Berge angekommen war, sah er das Loch unter dem Stein und ging hinein.

Unweit der Öffnung wurde er eine sehr große Stadt gewahr, die sich der Länge nach östlich hinzog, mit Tausenden Menschen.

Er war sehr erstaunt und sah zur linken Seite. Da bemerkte er Tausende, die keinen Kopf hatten, sondern statt dessen eine halbe Kokosschale auf dem Halse trugen. (Man sagt: Dies sind die durch das Schwert erlegten: Mörder haben ihren Kopf genommen.)

Voll Schrecken und Furcht wandte er sich um und flüchtete zurück. Sein Freund folgte ihm und rief: »Ach, Freund, stehe still, warte auf mich!«

Und weinend hieß ihn sein Freund einhalten. Er aber floh geradeaus zurück.

Seit der Zeit sahen sie einander nimmermehr.

[Indonesisches Märchen]

Serungal

»Ach«, sagte Serungal, »es hat ja keinen Zweck, wenn ich hier verweile. Ich tue besser und heirate die Tochter eines Radjas.« Nun war Serungal aber ein häßlicher Mann. Er begab sich an den Hof des Radjas.

Unterwegs kam er in ein Dorf, das an einem Flusse lag. Die Leute schrien und rannten umher, und als er hinzuging, sah er, wie sie eine Ameise töteten. »Warum tut ihr das?« fragte Serungal. Die Leute liefen davon und ließen von der Ameise ab, die nun weiterkrabbelte.

Als er an den Badeplatz kam, lärmten die Leute wieder. »Was ist denn hier wieder los?« dachte Serungal und ging näher, um nach der Ursache zu sehen. Als er da anlangte, sah er, wie die Leute versuchten, eine Feuerfliege zu töten. Er redete sie an, und wiederum liefen sie weg.

Als er schließlich in ein anderes Dorf kam und zum dritten Male die Leute am Ufer lärmen hörte, ging er auf das Geschrei zu und sah, wie sie ein Eichhörnchen umbringen wollten. »Tut das nicht!« sagte Serungal, und die Leute machten, daß sie fortkamen.

Es währte noch eine lange Zeit, da erreichte Serungal den Palast des Radjas, und der Radja sagte zu ihm: »Serungal, wohin willst du?«

»Na«, antwortete er, »ich will mit meinen Plänen nicht hinterm Berg halten. Ich möchte dich um die Hand deiner Tochter bitten.«

Da sagte der Radja zu ihm: »Siehst du den Korb mit Reis dort? Ein Mann soll sich aufs Pferd setzen und den Reis verstreuen, und wenn du ihn mir dann wieder in den Korb sammeln kannst, so daß er voll wird, will ich dir die Hand meiner Tochter geben.«

Serungal dachte nach: »Wie soll ich den Reis nur auflesen, wenn er vom Pferde herab ausgestreut wird?« Aber schließlich meinte er: »Ich will es versuchen«, und dachte so bei sich: »Wenn ich ihn nicht zusammen bekomme, gehe ich nach Hause, dann bleibe ich nicht mehr hier.«

Darauf befahl der Radja einem Burschen, sich aufs Pferd zu setzen und den Reis zu verstreuen. Der Junge stieg auf und verstreute den Reis überall hin, bis er alle war. »So«, sagte der Radja, »nun gehe ich nach Hause. Ich warte zwei bis drei Stunden, und wenn du bis dahin den Reis nicht wieder im Korb hast, bekommst du meine Tochter nicht.«

Serungal ging nun los, um den Reis aufzulesen; nach Verlauf einer halben Stunde hatte er aber erst eine Kokosschale halb voll. Da weinte er. Nach einer Weile erschien die Ameise und fragte: »Weshalb weinst du?«

»Weil der Radja mir seine Tochter nicht geben will«, antwortete Serungal. »Nur wenn ich den Reis, den er verstreuen ließ, wieder aufgelesen habe, soll ich sie erhalten. Und ich habe erst eine halbe Schale voll Reis gesammelt!«

»Nun, dann weine man nicht mehr«, sagte die Ameise, »ich will dir helfen, weil du mir halfst, als die Leute mich töten wollten.« Darauf rief sie ihre Gefährten, und die trugen den Reis zusammen, bis der Korb voll war.

Serungal schleppte den Korb nach dem Palaste. Als der König ihn von weitem kommen sah, wunderte er sich. Und als er da war, sagte der Radja zu ihm: »Ja, du sollst meine Tochter bekommen, aber erst mußt du noch auf die Betelpalme steigen und mir Nüsse herunterholen.« Nun war die Betelpalme des Radjas so hoch, daß ihre Wipfel in die Wolken ragten und gar nicht mehr gesehen werden konnten.

Als Serungal die Palme erblickte, sagte er sich: Wie soll ich da nur hinaufkommen? Ich falle ja herunter, bevor ich zur

Hälfte oben bin.« Der Radja ging nach Hause, und Serungal stieg auf die Palme hinauf; kaum war er etwa zwei Ellen hoch, da fiel er auch schon wieder herunter. Er fing an zu weinen. Nach einem Weilchen kam das Eichhörnchen und fragte ihn, warum er weinte; Serungal erzählte ihm, daß der Radja ihm gesagt hätte, er müßte ihm erst die Betelnüsse herunterholen, dann könnte er seine Tochter erhalten. »Schön«, erwiderte das Eichhörnchen, »ich will dir helfen.« Und es kletterte an der Palme in die Höhe und holte dem Serungal alle Nüsse herunter. Auch nicht eine einzige blieb mehr oben.

Serungal war noch weit vom Palaste entfernt, da gewahrte ihn schon der Radja und sagte: »Der Mann kann mehr als ich, er hat die Betelnüsse geholt, um die sich so viele vergeblich bemühten.«

Und der Radja sagte dem Serungal, daß er eine seiner Töchter bekommen könnte.

Nun hatte der Radja sieben Töchter. Aber die siebente und jüngste war die schönste, von ihr hatte Serungal erzählen hören. Sprach der Radja: »Wenn es dunkelt, begib dich in meinen Palast, und die Tochter, welche du zuerst im Schlafgemach findest, soll deine Frau sein. Du mußt aber spät nachts kommen, wenn es ganz dunkel ist.«

»Na«, dachte Serungal, »wie soll ich nun bloß die Jüngste finden, wenn es dunkel ist und ich nichts sehen kann?«

Gegen Abend begab Serungal sich nach dem Palaste des Radjas und wartete dort, bis es ganz dunkel war. Dann fing er an zu weinen, er wußte ja nicht, wie er es anstellen sollte, um des Radjas jüngste Tochter herauszufinden. Schließlich erschien die Feuerfliege und fragte ihn, warum er weinte. Serungal erzählte ihr, daß er die Tochter des Radjas bekommen sollte, der er zuerst begegnete, und er wollte doch die jüngste haben. »Sei nur ohne Sorge«, erwiderte die Feuerfliege, »ich will sie schon herausfinden. Ich setze mich auf ihre Nase, und wo du etwas aufglühen siehst, ist die Stelle, wo des Radjas jüngste Tochter schläft.«

Serungal begab sich darauf nach dem Frauengemach, und als er die Feuerfliege bemerkte, trug er das Mädchen, auf dem sie saß, in ein anderes Gemach. Und am andern Morgen kam der Radja und wollte sehen, welche er sich erwählt hatte. Siehe da, es war die jüngste und schönste. Da mußte der Radja ihn, ob er nun wollte oder nicht, doch zum Schwiegersohn nehmen.

[Malaiisches Märchen]

Tanzende Männer

≡ııı≡ııı≡ııı≡

Seine Gefühle zu zeigen
galt in unserer Gesellschaft lange Zeit als unmännlich.
Anders die Helden in einigen der folgenden Märchen,
die tanzend ihre Lebensfreude ausdrücken.

Der Rotwild-Tanz

≣⏐≣⏐⏐≣⏐⏐≣⏐⏐≣

Vor langer Zeit starb im Lager der Kootenais ein Mann. Er war ein treuer und guter Mann. Nach seinem Tod ging sein Geist fort in das Land der Toten, um herauszufinden, was dort war. Nach einer Weile befahl ihm der Häuptling der Geister, zu seinem Volk zurückzukehren und ihm zu berichten, was er gesehen und gelernt hatte.

Der Mann war sieben Tage lang tot gewesen, sein Körper war daher stark verwest. Aber der Häuptling der Geister brachte den Geist des Mannes zurück in seinen Körper, und er wurde wieder lebendig. Mitten unter seinen Freunden wurde der Mann wieder lebendig.

So geschah es: Die Menschen, die bei seinem Körper saßen und Totenwache hielten, hörten im Körper ein Geräusch. Währenddessen saß der Geist des toten Mannes daneben und sagte, daß er zu singen versuche. Daher enthüllten sie rasch seinen Körper. Der Mann öffnete die Augen, schaute sie an und sagte: »Ich komme vom Land der Toten. Ich bin gekommen, um euch Lieder und Gebete zu zeigen.«

Dann stand er auf und hob eine kleine Glocke hoch. Die Leute waren sehr hungrig, denn sie hatten lange Zeit nichts zu essen gehabt. »Jetzt werden wir alle tanzen«, sprach der Mann zu ihnen.

Er führte die Tänzer in einem Kreis, und während er mit der Glocke den Takt schlug, sang er die Lieder, die er im Land der Toten gelernt hatte. Als der Tanz vorüber war, ruhten sich die Leute aus, während er für sie betete. Dann tanzten sie wieder. Als sie am nächsten Morgen aufwachten, sprach der Mann, der tot gewesen war, zu ihnen: »Ich weiß alles über Kraft. Ich habe sie in meinem Traum gesehen. Ihr könnt mir glauben, daß es so einen Platz, wie ich ihn gesehen habe, wirklich gibt.«

Dann gingen die Männer zur Jagd und brachten viel Fleisch von erlegtem Rotwild heim. Daher wurde dieser Tanz der Rotwild-Tanz genannt.

Seit dieser Zeit nimmt jeder, ehe er zur Jagd auszieht, an diesem Tanz teil. Am Abend tanzen die Jäger den Rotwild-Tanz, und in der Nacht sehen sie dann in ihren Träumen, wo sie das Wild finden werden.

[Märchen der Kootenai-Indianer Nordamerikas]

Häuptling Baitogógo nimmt Besitz
vom Aíje-Geist

≡╟╟≡╟╟≡╟╟≡

Eines Tages, als er durch eine sumpfige Gegend ging, fand
der Indianer Rubúgu eine Kaulquappe. Er fand Gefallen
an dem kleinen Tier, und in der Absicht, es aufzuziehen,
setzte er es in ein mit Wasser gefülltes Gefäß. Er wollte es
zu etwas Außergewöhnlichem entwickeln, etwas, was ihm
und seinem Klan von Nutzen sein würde. Daher sagte er,
ehe er den Behälter mit einem Fächer abdeckte: »Wachse
für mich. Gedeihe und verwandle dich in ein außer-
gewöhnliches Geschöpf.«
Rubúgu prüfte das Wachstum der Kaulquappe regelmä-
ßig. Diese wuchs und wuchs, so schnell, daß der glückliche Besitzer sie in immer größere und noch größere Behälter umbetten mußte. Schließlich kam der Tag, an dem er
keinen Behälter mehr finden konnte, der groß genug für
seine riesige Kaulquappe gewesen wäre. Er wollte sie nun
auf eine Weise ehren, die ihrer würdig war. Da er aber keinen Schmuck besaß, den er ihr hätte geben können, tanzte
er ihr nur einen kurzen Tanz vor, der der Kaulquappe aber
mißfiel.
Da kam der große Häuptling Baitogógo und nahm Rubúgu die Kaulquappe weg. Der Häuptling machte einen
stattlichen Kopfschmuck aus Ara-Federn und ehrte den
Geist mit einem schönen Tanz, der der Kaulquappe ungemein gefiel, und sie erklärte sich einverstanden, das Totem
des Baitogógo-Klans zu werden. Der Häuptling erklärte
der Kaulquappe, wo sie leben müsse: in kleinen Seen voller Wasserpflanzen und Seelilien, in Sümpfen und hohlen
Steinen. Er riet ihr, sich gut zu verstecken und sich ruhig

zu verhalten, denn wenn die Bororo sie sehen oder ihren Ruf hören würden, dann würden sie, aufgrund der von ihr ausgehenden bösen Kraft, großes Leid erfahren.

Die Kaulquappe versprach zu gehorchen. Zugleich aber machte sie den Vorschlag, daß sie kleine fischförmige Holzgegenstände anfertigen sollten, wenn die Bororo Sehnsucht nach ihr hätten. Diese würden sie an die Kaulquappe erinnern, wie sie aussah, als sie von Rubúgu gefunden wurde. Wenn sie diese Gegenstände an ein Stück Schnur binden und durch die Luft wirbeln würden, dann könnten sie ein surrendes Geräusch hören, das sie an den Ruf der Kaulquappe erinnere. Die Mitglieder des Klans, dessen Häuptling Baitogógo war, stimmten dem Vorschlag zu. Sie fertigten die surrenden Gegenstände und nahmen die Kaulquappe unter ihre Totems auf.

[Märchen der Bororo-Indianer Südamerikas]

Die Schweine vom Teich

≡III≡II≡II≡

Jetzt möchte ich erzählen, wie die Schweine entstanden sind. Die Gebrüder Agura und Ledepa wohnten bei Kusayo. Sie lebten von Heuschrecken, die sie in den Schwertgraswiesen jagten. Der erste Bruder, Agura, erlegte immer sehr viele, Ledepa dagegen nur wenige. Außer den Heuschrecken, die sie fingen, hatten sie nichts zu essen.

Eines Tages ging Agura zu einer nahe gelegenen Schwertgraswiese. Er fand viele Heuschrecken und begann, sie zu jagen. Plötzlich kam er an eine Stelle, wo anscheinend wilde Schweine herumgetrampelt waren und ihren Kot gelassen hatten. Dort wuchsen auch viele Süßkartoffeln. Er hatte noch nie die jungen Triebe von Süßkartoffeln, Gemüse oder Zuckerrohr gesehen. Aber gerade hier, im Kot der wilden Schweine, wuchsen sehr viele.

Agura schnitt einige Schwertgras-Stengel ab und machte einen Zaun um den Platz. Dann grub er die Erde auf und pflanzte die Schößlinge. Nachdem er das getan hatte – sehr rasch, so rasch wie diese Dinge eben in Märchen geschehen –, kehrte er heim. Er erzählte seinem Bruder nichts von seiner Entdeckung, und so lebten die beiden wie bisher und ernährten sich von Heuschrecken.

Zwei Monate später kehrte Agura zum Garten zurück. Er bemerkte, daß viele Süßkartoffeln, Gemüse- und Zuckerrohrpflanzen gewachsen waren. Er hatte seinem Bruder noch immer kein Wort davon erzählt, weil er so etwas noch nie gesehen hatte. Jetzt steckte er zum ersten Mal seine Hand in die Erde und fand Kartoffeln. Dann räumte er mehr Unterholz weg und vergrößerte seinen Garten bis

hinunter zum Fluß. Agura pflanzte weitere Süßkartoffel-
ableger. Dann trug er vier Kartoffeln und andere Garten-
früchte zurück zu seinem Haus. Aber er erzählte seinem
Bruder nicht, wie er zu ihnen gekommen war, er teilte sie
auch nicht mit ihm. Er kochte die Kartoffeln auf dem
Feuer, und es schmeckte ihm sehr gut. Er aß auch das Zuk-
kerrohr und das Gemüse, das er heimgebracht hatte.

Zwei Monate später ging er wieder zu seinem Garten und
fand dort noch mehr Früchte. Einige der Süßkartoffeln
hatten neue Triebe bekommen. Er grub einige Knollen
aus, brachte sie nach Hause und aß sie allein. Wieder gab er
seinem Bruder nichts ab.

Sein Bruder Ledepa hatte derweil wenig zu essen, nur gerade ein oder zwei Heuschrecken vor dem Schlafengehen.
Ledepa saß und grübelte. Eines Morgens machte er sich
auf den Weg. Er kam nach Kilipimi, Kepelea, Kolapi und
hinunter nach Mapi. Dort klertterte er auf einen Baum
und schaute sich um. Nicht weit entfernt sah er eine
Schwertgraswiese. »Dort unten müßten viele Heuschrek-
ken sein«, dachte er. »Ich will hingehen und nach-
schauen.« Und so war es auch, er konnte viele Heuschrek-
ken mit seinem Pfeil und Bogen erlegen. »Früher war das
anders!« dachte er freudig. Er schoß immer mehr.

In einer Senke in der Mitte der Wiese, neben einer hohen
Pinie, sah er einen Teich, der sehr dunkel war. Er bekam
Angst, denn er hatte noch nie so etwas gesehen und be-
fürchtete, vom Teich verschlungen zu werden.

Ledepa ging hinüber zur Pinie und entdeckte dort im kurzen Gras die Hufabdrücke von Schweinen. Er schaute sich
um: Überall sah er Spuren von Schweinen aller Größe.
Anscheinend waren sie alle am Fuß des Baumes umherge-
laufen. Es sah so aus, als äßen sie unter diesem Baum und
gingen dann in den Teich zurück. Das Gebiet um den
Baum herum war frei, und ringsum wuchsen schöne Grä-
ser.

Ledepa überlegte: »Früher erzählte mir mein Vater, wie die Leute ihre Schweine schlachteten und dann tanzten. Bei diesen Anlässen tanzten sie den Tama-Tanz.«

In diesem Augenblick rief ein kleiner, in der Pinie sitzender Vogel: »Tanze einen Tama-Tanz, tanze einen Tama-Tanz!« Ledepa begann, unter dem Baum zu tanzen. Während er dies tat, tauchte ein Schwein mit großen Hauern aus dem Wasser auf und kam an den Rand des Teiches zu dem Baum, wo der junge Mann stand. Ledepa wollte das Schwein erst mit seinem Pfeil und Bogen schießen, aber dann dachte er, er könne es mit der Keule töten. Aber er hatte Angst, das Schwein könnte ihn beißen. So entschied er sich endlich für den Pfeil. Aber als er auf die Weiche des Schweines zielte, rollte sich das Tier zur Seite.

Ledepa schnitt ein Stück einer Rebe ab, schälte sie und band die Füße des Schweines zusammen. Er überlegte, ob er es hier oder zu Hause schlachten solle. Schließlich nahm er es mit nach Kolapi. Dort, so erinnerte er sich, schlachteten früher die Leute ihre Schweine. Auch wuchsen in der Nähe viele Kräuter, die man mit dem Schwein kochen konnte. Dort am Fluß hatten die Leute ein Ahnenkulthaus gebaut.

In Kolapi sammelte er einige rote Kochsteine für seinen Erdofen. Dann schlachtete er sein Schwein. Er schnitt Bambus, sammelte Kräuter und legte die Fleischstücke in den Ofen. Die Eingeweide und das Bauchfett tat er zur Seite und kochte es in den Bambusröhren. Diese kleinen Teile waren schnell gar, und er aß sie zuerst. Die Heuschrecken, die er zuvor erlegt hatte, warf er weg.

Der Rest des Schweines wurde bald gar, wie das in Märchen eben so geht. Er baute ein kleines Häuschen aus Baumrinde, um das gekochte Fleisch aufzubewahren. Dann öffnete Ledepa den Ofen und begann zu essen. Er hatte noch nie im Leben so viel zu essen gehabt, und er war sehr zufrieden. Dann legte er sich schlafen.

Als er erwachte, sah er, daß einige der übriggebliebenen Fleischstücke anfingen, schlecht zu riechen. Es war noch viel Fleisch übrig, daher kochte er es noch einmal. Dann nahm er eine ganze Schweineseite auf die Schultern und machte sich auf den Heimweg. Als er nach Hause kam, saß dort sein Bruder. »Hast du jemandem das Schwein gestohlen und geschlachtet?« fragte Agura.

»Du hast mir nie von deinem Essen abgegeben«, antwortete Ledepa, »aber ich will mein Schwein mit dir teilen. Jemand hat es mir gegeben, als ich so meines Weges ging.« Er gab seinem Bruder die Hälfte von dem, was er hatte; den Rest kochte und aß er selbst.

Agura fragte ihn nochmals: »Woher kommt dieses Schwein?« Aber Ledepa sagte es ihm nicht.

»Ich weiß nicht«, sagte er. »Ich habe es bekommen, als ich nach Hause ging.« Dann fügte er hinzu: »Vielleicht gehört es jemand anderem, und vielleicht wird derjenige kommen und uns umbringen.«

Vier Monate vergingen. Eines Tages zog Ledepa schöne Schmuckstücke an und ging wieder zum Teich neben der Pinie. Wieder tanzte er einen Tama-Tanz, und wieder kam ein großes Schwein aus dem Wasser. Und wie zuvor band er es mit Reben zusammen, schlachtete es in Kolapi, kochte es und trug es zurück nach Hause. Wieder gab er die Hälfte seinem Bruder, die andere Hälfte behielt er für sich. Agura wollte wieder wissen: »Zweimal hast du schon ein großes Schwein nach Hause gebracht. Woher hast du sie?«

»Ich habe viele Schweine, die ich nehmen und schlachten werde, aber ich kann dir nicht sagen, woher sie sind«, antwortete Ledepa.

Eines Tages bereiteten die Leute im Nachbarort ein Schweineschlachtfest vor. Ledepa wollte auch daran teilnehmen, und so schlug er eine lange Reihe von Stöcken in den Boden. Bis zu diesem Tag hatte er seinem Bruder noch keines von seinen Schweinen angeboten. Nun aber sprach er zu ihm: »Ich habe mich über dich geärgert, weil du mir von deinem Essen nichts abgegeben hast. Aber nun möchte ich meine Schweine mit dir teilen.« Er unterteilte die Stöcke: Die Schweine, die auf der einen Seite angebunden waren, durfte Agura schlachten, und die auf der anderen Seite waren für ihn selbst. Auf diese Weise schlachteten die beiden Brüder viele Schweine, mehr als all die anderen Männer, die nur ein paar hatten.

Danach fragte Agura wieder: »Bruder, wo hast du diese vielen Schweine her?«

»Das sage ich dir nicht«, antwortete Ledepa. »Aber wenn ich sie hole, werde ich dir die Hälfte abgeben. Essen wir sie denn nicht oft?«

»Doch«, sagte Agura. »Aber ich möchte wissen, woher sie sind.«

Schließlich gab Ledepa nach und erzählte es seinem Bruder. Er beschrieb ihm den Weg. »Gehe und tanze einen Tama-Tanz. Nimm nur ein Schwein, binde es, trage es nach Kolapi und schlachte es dort.«

Agura ging hin und tanzte. Da tauchte ein Schwein mit großen Hauern aus dem Wasser auf. Aber er trug es nicht nach Kolapi, sondern er tötete es gleich dort am Teich. Dann tanzte er nochmals und tötete noch ein Schwein, dies tat er wieder und wieder. Der Teich wurde immer leerer und leerer.

Agura ärgerte sich nämlich über seinen jüngeren Bruder, weil er ihn so lange von diesem Teich ferngehalten hatte. Darum tötete er nun diese vielen Schweine. Er leerte den ganzen Teich, bis nur noch eine kleine Pfütze übrig war. Darin sah Agura eine riesige Sau, die so groß war wie ein Haus. Auch dieses Schwein tötete er, und nun war der Teich leer. Dann schlachtete er eines der Schweine, kochte es und trug den Rest nach Hause. Dort fragte ihn Ledepa: »Warum warst du so lange weg? Was hast du getan?«

»Oh«, antwortete Agura, »ich habe alle Schweine getötet.«

»Ist unser Teich noch da?« fragte Ledepa.

»Da ist kein Teich mehr«, war die Antwort seines Bruders. Da ergriff Ledepa seinen Pfeil und Bogen und tötete seinen Bruder.

Jetzt höre ich mit dieser Geschichte auf. Wir könnten heute noch Schweine aus diesem Teich holen, wenn nicht dieser Mann sie alle getötet hätte. Jetzt sind keine mehr da. Dieser Mann, der nie sein Essen mit seinem Bruder geteilt hatte, tötete so viele Schweine, daß die meisten verdarben. Heute haben wir wenig Schweine, und wenn ein Mann einem anderen ein Schwein stiehlt oder wenn sich zwei Männer streiten, weil das Schwein des einen in den Garten des anderen eingebrochen ist, dann lebt diese Geschichte am Teich wieder auf. Als Ledepa seinen Bruder umbrachte, da vergalt er ihm jene Schweine. Streit und Schweinediebstähle wie diese gibt es auch heute noch.

[Märchen aus Papua-Neuguinea]

Der reiche und der arme Häuptling

Es waren einmal ein reicher und ein armer Häuptling. Der Reiche sprach zu dem Armen: »Wenn wir Söhne bekommen, wollen wir sie töten.«

Der arme Häuptling widersprach: »Das schickt sich nicht.«

Aber der Reiche beharrte darauf. Der Arme dachte nach: »Was mache ich nur, damit meine Kinder nicht getötet werden?« Er sagte: »Gut, wir werden sie töten. Aber jeder tötet die seinigen selbst in seinem Hause.«

Der Reiche war einverstanden. Dem reichen Häuptling wurde zuerst ein Sohn geboren, und er sprach zu dem Armen: »Ich habe mein Kind getötet.«

Im nächsten Jahr bekam der arme Häuptling einen Sohn, und er dachte bei sich: »Ich habe mein Kind gern, was mache ich nur, damit es nicht getötet wird?« Er begab sich zu einem armen Manne und sprach zu ihm: »Hilf mir, denn ich habe einen Sohn bekommen und will ihn nicht töten. Ich will aber auch nicht, daß mein Freund in Erfahrung bringt, daß mein Sohn am Leben geblieben ist.«

Der Arme versprach, ihn zu verbergen. Der arme Häuptling ging nun zu dem Reichen und sagte: »Ich habe einen Sohn bekommen und ihn getötet.«

In jedem Jahr bekam jeder von ihnen einen Sohn. Der reiche Häuptling tötete die seinigen, und der arme Häuptling versteckte die seinigen, bis es ihrer schließlich sieben waren. Jene Kinder wuchsen heran und lernten lesen, bis sie im Koran zu Ende kamen.

Da erschien eines Tages ein ränkesüchtiger Mann und sah

die Kinder im Hofe des armen Mannes spielen. Er fragte jenen: »Wessen Kinder sind das?«

Dieser erwiderte: »Es sind die meinigen.«

Jener entgegnete: »Du solltest so schöne Kinder wie diese gezeugt haben, das glaube ich nicht. Das sind Kinder vornehmer Leute, ich sehe es ihren Gesichtszügen an.«

Der arme Mann sagte: »Diese Kinder gehören dem armen Häuptling. Er kam hierher, um sie in meinem Hause in Sicherheit zu bringen, damit der reiche Häuptling sie nicht töte. Aber sage dies keinem Menschen.«

Er erwiderte: »Nein, ich werde es niemandem sagen.«

Damit stand er auf und begab sich zu dem reichen Häuptling und sprach zu ihm: »Wenn du mir etwas gibst, werde ich dir etwas sagen, was du noch nicht weißt.«

Der Häuptling war einverstanden. Er stellte ihm ein Schriftstück aus und gab ihm Pflanzungen und Geld, wie jener gefordert hatte. Dann sagte er: »Dein Freund hat seine Söhne nicht getötet.«

Der Häuptling wollte es nicht glauben. Jener schlechte Mensch sagte: »Die Kinder deines Freundes leben. Wenn du es nicht glauben willst, so werde ich sie dir zeigen. Verkleide dich, und ziehe die Kleider eines Armen darüber, damit man nicht erkennt, daß du der reiche Häuptling bist.«

Er verkleidete sich wie ein Armer und ging zu jenem Hause hin. Als sie sich dem Hofe näherten, sahen sie die Kinder. Er fragte den Eigentümer des Hauses: »Wem gehören die Kinder?«

Dieser erwiderte: »Es sind die meinigen.«

»Lüge nicht«, sprach der Häuptling, »denn ich frage mit allem Recht danach. Diese Kinder sind nicht die deinigen, es sind die Kinder meines Freundes. Wenn du noch weiter lügst, so gehört dein Kopf mir, denn ich bin der Häuptling dieses Landes.«

Dann nahm er die Kleidung ab, und jetzt erkannte dieser

ihn. Er erschrak und sagte: »Dies sind die Kinder deines Freundes, aber er sagte mir, sprich zu niemand davon, denn er liebt seine Kinder.«

Der reiche Häuptling rief seinen Freund mit Bitternis und Ärger im Herzen herbei und sprach zu ihm: »Warum hast du mich hintergangen und gesagt, du hättest deine Kinder getötet, und dabei hast du sie nicht getötet?«

Er erwiderte: »Ich habe meine Kinder nicht getötet, denn ich liebe mein Blut.«

Der Reiche sagte: »Wir hatten beschlossen, unsere Kinder zu töten, du warst damit einverstanden. Jetzt habe ich die meinigen getötet, warum du nicht die deinigen?«

»Ich wollte so tun, als ob ich deinem Befehle gehorche. Denn du hast mich dazu gedrängt.«

Der Reiche erwiderte: »Bringen wir unsere Angelegenheit vor das Gesetz zur Beurteilung. Der, welcher überführt wird, den wird das Gesetz bestrafen.« Der andere war einverstanden.

Sie gingen zum Richter und erklärten ihm die Sache. Dieser schaute in das Gesetzbuch und fand, daß der arme Häuptling das Gesetz für sich hatte, während es für den reichen Häuptling Strafe anzeigte. Der Richter wollte aber eine Versöhnung zustande bringen und sprach zu dem armen Häuptling: »Teilt euch die Kinder, nimm drei Kinder, und gib sie dem reichen Häuptling, die andern vier behalte du.«

Der reiche Häuptling weigerte sich jedoch und sprach: »Nein, töten wir sie.«

Der arme Häuptling erwiderte: »Ich töte meine Kinder nicht. Mache einen andern Vorschlag, ich werde auf alles, was du willst, eingehen, aber meine Kinder töte ich nicht.«

Der Reiche sprach: »Wenn du sie nicht töten willst, so verschaffe mir die Trommel mit dem siebenfachen Klang, dann werde ich auf deine Kinder verzichten. Bringst du mir aber die Trommel nicht, so werde ich dich töten.«

Der arme Häuptling war einverstanden. Er sprach zu seinen Söhnen: »Meine Kinder, der Sultan wird mich töten, wenn ihr nicht die Trommel mit dem siebenfachen Klang herbeischafft. Diese ist an einem gefährlichen Ort, bei dem Sultan der bösen Geister.«

Sie sagten: »Baue uns ein Schiff, wir wollen dahin reisen.« Der Vater besorgte das Fahrzeug, und die Söhne reisten ab. Nach einer Seefahrt von zwei Monaten erreichten sie Land. Sechs von ihnen stiegen an Land, während der jüngste, Msiwanda, zurückblieb. Die ans Land gegangen waren, kehrten erst am zweiten Tage zurück. Msiwanda ward ärgerlich und sprach zu ihnen: »Meine Brüder, wir sind nicht hierhergekommen, um zu scherzen, wir suchen etwas, um unserem Vater das Leben zu retten.«

Das ärgerte seine Brüder, und sie begannen, ihn zu schlagen und zu beschimpfen. Dann hißten sie die Segel und fuhren nach einem anderen Lande.

Als sie dort in einem Hafen anlangten, stiegen seine Brüder an Land und ließen Msiwanda mit Uledi, dem jüngsten Schiffsjungen, an Bord zurück. Sie fanden Tanz und Belustigungen in der Stadt und blieben drei Tage, ohne an Bord zurückzukehren. Ihr Bruder Msiwanda ärgerte sich und schickte Uledi aus: »Geh und sage ihnen, sie sollen kommen, damit wir weiterreisen können.«

Uledi ging an Land und traf dieselben beim Tanze. Er rief alle zusammen und brachte ihnen die Botschaft Msiwandas. Sie kamen an Bord und fragten ihn: »Wozu läßt du uns rufen?«

Er erwiderte: »Ich will die Segel hissen und weiterreisen, um der Arbeit nachzugehen, wozu ich ausgezogen bin.« Darauf ergriffen sie ihn, banden ihn an den Mastbaum und schlugen ihn und sprachen: »Bist du von Sinnen? Willst du uns Befehle geben, uns, deinen älteren Brüdern?«

Er antwortete: »Nein, ich will euch nicht befehlen, sondern ich bin besorgt um unseren Vater, damit er nicht getötet werde. Wir sind übereingekommen und haben uns verbürgt, ihn zu retten. Jetzt kommt ihr hierher und geht den Belustigungen nach.«

Sie reisten weiter, bis sie in das Land kamen, welches das Ziel ihrer Reise war. Dort war eine schöne Stadt. Sie stiegen aus und begaben sich in die Stadt, um nach der Trommel mit dem siebenfachen Klang zu fragen. Sie fanden es schön dort. Sie gesellten sich zu ihren Altersgenossen, gingen mit ihnen zu den Belustigungen und gewöhnten sich so an die Stadt, daß sie weder an ihren Vater noch an ihre Mutter dachten.

Msiwanda war ganz betrübt und sprach zu ihnen: »Ihr seid ausgezogen, um etwas zu suchen, damit ihr euren Vater von der Unruhe und der Strafe befreit, jetzt seid ihr hierhergekommen und laßt euch in aller Ruhe nieder.« Darauf jagten sie Msiwanda fort.

Er machte sich auf und kam zu dem Haus einer alten Frau. Er bat um Unterkunft. Am zweiten Tage fragte er die Alte: »Sage mir, wo ist die Trommel mit dem siebenfachen Klang?«

Die Alte erschrak und sprach zu ihm: »O mein Sohn, wozu fragst du danach?«

Er erwiderte: »Ich will sie holen.«

Die Alte lachte ihn aus und sprach: »Sie ist im Lande der bösen Geister, dort geht niemand hin. Und wenn jemand hingeht, kehrt er in seinem Leben nicht wieder zurück.«

Er erwiderte: »Sage es mir, wo ich die Trommel finde, dann werde ich dir die ganze Geschichte erzählen.«

Die Alte gab ihm darauf eine Beschreibung von jener Stadt, wo er hingehen sollte, und außerdem Anweisungen, wie er es anzustellen habe. Msiwanda erzählte ihr alles von seinem Vater und wie seine Brüder ihn verstoßen hatten. Er sprach zu ihr: »Ich will diese Trommel haben, und wenn ich sie bekomme, werde ich dir Reichtümer in Überfluß geben.«

Die Alte war erfreut und sprach zu ihm: »Ich werde deine Reise vorbereiten.« Sie machte ihm für die Reise geröstete Hirse, Honig von Bienen und geröstete Maiskolben zurecht, steckte alles in seinen Reisesack und gab ihm eine Kalebasse mit Wasser. Sie sagte: »Mache dich auf den Weg, und wenn du Leute knurren hörst, gehe nicht weiter, sondern bleibe. Hörst du sie sprechen, so gehe hin, denn sie schlafen.«

Der Jüngling machte sich auf den Weg und ging Tag und Nacht, ohne zu schlafen, denn er dachte an seinen Vater und seine Mutter. So kam er an ein großes Haus. Es war kein Mensch zu sehen. Er ging im ganzen Hause herum, da stieß er plötzlich auf eine sehr, sehr alte Frau. Als diese ihn sah, erschrak sie und sprach: »Mein Sohn, wo gehst du hin?«

Er erwiderte: »Ich suche die Trommel mit dem siebenfachen Klang.«

Die Alte sagte: »Wenn du diese Trommel suchst, so ist es besser, du kehrst zurück und ziehst wieder deines Weges. Die Eigentümer derselben sind noch nicht da, ich glaube, sie sind unterwegs hierher.« Und weiter sprach sie: »Komme schnell, damit ich dich verstecke.« Sie steckte ihn in einen dunklen Gang, deckte ihn mit Mattensäcken zu und sagte: »Verhalte dich ruhig, sprich kein Wort, atme kaum, denn wenn diese kommen und dich verspüren, werden sie dich suchen und töten.«

Die Unholde traten in das Haus ein und sprachen zur Alten: »Was ist das für ein Gestank im Haus? Hast du jemanden versteckt? Ist ein Mensch hierhergekommen?«

Die Alte erwiderte: »Ich habe niemand gesehen.« Der Jüngling hörte alles und zitterte in seinem Versteck. Die Alte sprach zu den Unholden: »Vielleicht habt ihr unterwegs einen Menschen ergriffen, wer sollte sonst in dieses Haus kommen?«

Die Geister gaben zu, daß sich niemand im Hause befinde. Alsbald zogen sie ihrer Wege. Die Alte holte den Jüngling aus dem dunklen Gange hervor und sprach zu ihm: »Komm schnell, und schau dir die bösen Geister an, das sind die Besitzer der Trommel mit dem siebenfachen Klang.«

Der Jüngling sagte: »Wenn du mir die Trommel verschaffst, gebe ich dir 10000 Realen und einen Topf mit Bienenhonig.«

Sie erwiderte: »Gib mir die Hälfte davon jetzt, dann werde ich dir sagen, wie du in den Besitz der Trommel mit dem siebenfachen Klang kommst.«

Er gab ihr 5000 Realen und einen halben Topf mit Bienenhonig.

Dann sagte sie: »Siehe jenen Hügel, dort steht ein Mastbaum, und an demselben ist die Trommel oben aufgehängt; die Besitzer schlafen darunter. Wenn du die Trommel haben willst, so nimm den gerösteten Mais, deinen Honig und die Kalebasse mit Wasser, stecke alles zu dir, und gehe langsam, bis du dort anlangst. Wenn du Knurren hörst, so gehe nicht; hörst du aber Geschrei, so steige auf den Mast, und hole die Trommel herunter. Hörst du, daß sie knurren, so bleibe oben auf dem Maste; schreien sie ›der da, der da, folge ihm, greif ihn, schlage ihn‹, so nimm langsam die Trommel, und geh deiner Wege. Hörst du nun, daß alles still ist, so wisse, daß sie dir folgen. Schütte ihnen Honig hin. Wenn du merkst, daß sie dich eingeholt haben und dich ergreifen wollen, so lasse geröstete Hirse fallen. Wenn sie dir sehr auf der Ferse sind, gieße das Wasser aus der Kalebasse aus, dann wird ein Meer entstehen, so daß sie dich nicht ergreifen können.«

Er machte sich auf den Weg, und als er hörte, daß sie knurrten, machte er halt und setzte sich. Als sie Lärm schlugen, ging er hin, kletterte auf den Mast und ergriff die Trommel mit dem siebenfachen Klang. Wie er sie anfaßte, begann sie mit großem Geräusch zu ertönen, und die Unholde schrien: »Der da, der da, greif ihn, folge ihm, schlage ihn.«

Als sie dann stille waren und aufstanden, um nach ihrer Trommel auf dem Mast zu sehen, war sie verschwunden.

Der Jüngling war schon weit. Die Unholde folgten ihm schnell, verhielten sich ganz ruhig und näherten sich ihm, daß sie ihn fast ergreifen konnten. Da goß er den Bienenhonig aus. Sie blieben stehen und leckten ihn auf. Dann folgten sie ihm wieder, und als sie ihn ergreifen wollten, schüttete er ihnen die geröstete Hirse hin. Sie lasen dieselbe auf. Als sie darauf die Verfolgung fortsetzten, zerbrach er die Kalebasse mit Wasser, da entstand ein Meer, so daß sie ihm nicht folgen konnten. Der Jüngling hatte also die Trommel mit dem siebenfachen Klang bekommen.

Er begab sich zu seinen Brüdern und zeigte ihnen die Trommel. Seine Brüder freuten sich. Sie hißten die Segel und fuhren heimwärts. Bald darauf hielten die Brüder Rat und sprachen: »Laßt uns Msiwanda und Uledi töten und die Trommel nehmen und sagen, wir hätten sie bekommen, Msiwanda sei davongelaufen, da er nicht mit in das Reich der bösen Geister gehen wollte.«

Sie warfen Msiwanda und Uledi ins Meer. Die Trommelstöcke und den Strick zum Festbinden hatte Msiwanda jedoch zu sich gesteckt; nämlich andere Stöcke als diese taugten nichts zu dieser Trommel.

Msiwanda und Uledi hatten sich durch Schwimmen gerettet, bis sie in ein Land des Islam kamen. Dort fanden sie ein Boot und mieteten dasselbe. Seine Brüder waren unterdes heimwärts gefahren. Als sie ankamen, sagten sie: »Wir haben die Trommel mit dem siebenfachen Klang bekommen.«

Ihr Vater freute sich und fragte: »Wo ist denn Msiwanda?« Denn er liebte ihn mehr als alle anderen.

Sie antworteten: »Msiwanda ist mit Uledi davongelaufen, er sagte, er wolle nicht ins Reich der bösen Geister gehen. Wir sind aber hingegangen und haben die Trommel bekommen.«

Sie begaben sich nun zum reichen Häuptling und sprachen: »Wir haben die Trommel mit dem siebenfachen Klang bekommen.«

Er erwiderte: »Gut, so schlagt sie, damit ich ihren Klang höre.«

Sie nahmen andere Trommelstöcke und schlugen sie, aber sie klang nicht, wie sie es sonst getan, sondern gab Töne, die nicht zu verstehen waren. Da sprach der reiche Häuptling: »Das ist nicht die Trommel.«

Ihrem Vater aber kam der Gedanke, vielleicht haben sie Msiwanda getötet. Der reiche Häuptling sagte: »Wenn ich bis morgen die Trommel nicht habe, werde ich euch alle töten.« Sie hatten also nur noch einen Tag zu leben.

Zwei Stunden bevor sie getötet werden sollten, sahen sie plötzlich ein Boot in der Ferne kommen. Der arme Häuptling bat: »Habe Geduld, bis jenes Boot gekommen ist, vielleicht erhalte ich noch eine Nachricht von Msiwanda.« Der Aufschub wurde ihm bewilligt, und man wartete das Boot ab. Als es näher kam, erkannten sie Msiwanda und Uledi.

Sobald Msiwanda gelandet war, berichtete er alles Geschehene. Seine Brüder verkrochen sich vor Scham. Sein Vater freute sich und gab ihm seine Zufriedenheit zu erkennen; seine Brüder aber jagte er fort.

Dann holte Msiwanda die Trommelstöcke und den Strick hervor, befestigte die Trommel und schlug sie mit ihren Stöcken, da ertönte sie plötzlich mit ihrem siebenfachen Klang. Jedermann mußte tanzen, ob er wollte oder nicht, so schön war ihr Klang. Sogar die beiden Häuptlinge tanzten und sprachen: »Das ist die Trommel, welche wir haben wollten.«

Der reiche Häuptling übergab Msiwanda seine Herrschaft, und er regierte weise.

[Märchen der Suaheli]

Die Brautwerbung des Hippokleides

≡III≡II≡II≡III≡

Kleisthenes, der Tyrann von Sikyon, war aus einem Geschlecht mit großem Namen. Er, der Sohn des Aristonymos, Enkel des Myron und Urenkel des Andreas, hatte eine Tochter namens Agariste, für die wollte er den trefflichsten unter allen Hellenen herausfinden, um sie ihm zur Frau zu geben. Darum ließ er bei den olympischen Spielen, in denen damals sein Viergespann siegte, durch den Herold verkünden: Wer von den Hellenen sich würdig erachte, des Kleisthenes Eidam zu werden, der solle innerhalb sechzig Tagen oder auch früher nach Sikyon kommen. In einem Jahr, vom sechzigsten Tage an gerechnet, werde dann Kleisthenes die Hochzeit vollziehen.

Da zogen alle Hellenen, die auf sich selbst wie auf ihr Vaterland stolz waren, als Freier dorthin; Kleisthenes hatte eigens für sie eine Rennbahn und einen Ringplatz errichten lassen. Von Italien kamen da Smindyrides, Hippokrates' Sohn, und Damasos, Sohn des Amyris. Vom ionischen Golf kam Amphimnestos, des Epistrophos Sohn. Aus Aetolien kam Males, der Bruder des Titormos. Aus dem Peleponnes kamen Leokedes, ein Sohn des Pheidon und Amiantos, Lykurgos' Sohn. Aus Athen aber kamen Megakles, der Sohn des Alkmeon und Hippokleides, des Tisandros Sohn, einer der reichsten und schönsten jungen Männer der Stadt. Diese und weitere Freier stellten sich ein.

Wie diese nun am bestimmten Tage sich versammelten, ließ sich Kleisthenes erst von einem jeden Heimat und Geschlecht sagen. Danach behielt er sie ein Jahr lang bei sich und erprobte ihre Mannhaftigkeit, Gemütsart, Bildung und Charakter, indem er mit jedem besonders wie mit allen gemeinsam verkehrte. Die jüngeren unter ihnen führte er auch hinaus auf die Turnplätze. Auch stellte er sie, und das war für ihn das Wichtigste, beim gemeinsamen Mahle auf die Probe. Und solange er sie bei sich hatte, gab er sich die ganze Zeit hindurch mit ihnen ab, und er bewirtete sie dabei herrlich. Und am meisten von den Freiern gefielen ihm wohl die, welche so aus Athen gekommen waren, von denen gab er wieder dem Hippokleides, Tisandros Sohn, den Vorzug, sowohl wegen seines mannhaften Wesens, wie auch, weil er von Hause aus mit den Kypseliden in Korinth verwandt war.

Als nun der entscheidende Tag für die Hochzeitsfeier und für die Erklärung des Kleisthenes selbst, wen er aus allen wähle, gekommen war, brachte Kleisthenes ein Opfer von hundert Rindern dar und gab den Freiern, wie auch allen Einwohnern Sikyons, einen festlichen Schmaus. Wie sie nun mit dem Mahle fertig waren, ließen sich die Freier um die Wette in musikalischen und sonstigen Vorträgen hören. Während das Trinken weiterging, rief Hippokleides, der durchaus den Ton angab, dem Flötenspieler zu, er solle ihm eine Tanzweise blasen, und als dies geschah, tanzte er. Und er selbst mochte sich im Tanzen recht wohl gefallen. Kleisthenes aber sah das ganze Treiben mit bösen Augen an.

Darauf nach einer Weile befahl Hippokleides, man solle einen Tisch hereintragen. Der wurde gebracht, und nun führte er darauf erst spartanische Tänze auf, danach andere, und zwar attische, zum dritten aber stellte er sich mit dem Kopf auf den Tisch und hantierte mit den Beinen in der Luft.

Schon bei den Tänzen der ersten und zweiten Art wies Kleisthenes mit Abscheu den Gedanken von sich, daß etwa Hippokleides noch sein Eidam werden solle, so

schamlos fand er das Getanze; doch hielt er sich noch zurück, um nicht gegen ihn loszubrechen. Wie er ihn aber so
mit den Beinen hantieren sah, konnte er sich nicht mehr
halten und rief: »Oh, Sohn des Tisandros, nun hast du
richtig die Heirat vertanzt«, worauf Hippokleides flugs:
»Das ist dem Hippokleides Wurst.« Daher kommt diese
Redensart.

[Märchen des klassischen Altertums]

Der Doppelbuckel zu Calkaer

≡∥≡∥≡∥≡

Zu Calkaer (in Ostflandern) wohnte ein Buckel, ein lustig Kerlchen und dem Spiele sehr ergeben. Der war eines Tages in ein nahes Dorf gegangen und dort bis zum späten Abend geblieben. Auf dem Heimwege fand er eine Herberge, die er sonst nie gesehen, ging hinein und sah, daß die Stube voll munterer Gäste war, die spielten und sangen. Er setzte sich alsbald zu einer Gruppe von Spielern und spielte so wacker drauf zu, daß er nicht nur sein Geld verlor, sondern auch Jacke, Weste, Stiefel und Strümpfe und selbst die Hose; nur das Hemde blieb ihm übrig.

»Nun ist es Zeit, daß ich mich nach Hause begebe«, sprach er zu sich selbst, »denn gehe ich ohne Hose am hellen Tag umher, dann lacht man mich aus«, und er nahm Abschied von seinen Spielgenossen und machte sich auf den Weg. Noch war er keine hundert Schritte weit, als er an einem kleinen Hügel eine Menge von Katzen fand, die im Kreise herumsprangen und sangen:

> Pfot an Pfot, Schwanz an Schwanz,
> Katzchen tanzt 'nen lustigen Tanz.

Als sie ihn sahen, sprach eine der Katzen zu ihm: »Tanz mit, tanz mit, Freund!« und der Buckel ließ sich das nicht zweimal sagen, griff die Pfoten der Katze und walzte mit ihr. Die andern sahen das nicht, ohne herzlich zu lachen, denn er sprang so tapfer, daß sein Buckel wackelte und schlotterte. Als er ausgetanzt hatte, fragte eine große Katze: »Wollen wir ihm nicht seinen Lohn dafür geben?« »Gewiß, gewiß«, antworteten die andern, und sie nahmen ihn und setzten ihn auf den Hügel mit dem Rücken gegen eine Grube, und die große Katze rief: »Schlagt ihm ins Gesicht, daß ihm sein Buckel abfällt.«

Im selben Augenblicke fühlte er einen Schlag auf der Wange, und zugleich rollte sein Buckel in die Grube. Hocherfreut dankte er den gütigen Katzen und lief, was er konnte, nach Hause. Am anderen Morgen, als er ausging, kannte ihn kein Mensch mehr, denn keiner konnte begreifen, wie er seinen Buckel losgeworden, am wenigsten sein neidischer Nachbar, der auch bucklig war. Der quälte ihn so lange mit Fragen und Bitten, bis er von der Herberge und den Katzen erzählte.

»Nun werde ich meinen Buckel auch bald los sein«, sprach der Nachbar und schritt abends lustig auf die Herberge zu. Da fand er dieselbe Gesellschaft, setzte sich zu ihr und verspielte auch Jacke, Weste, Stiefel und Strümpfe. Dann aber hörte er auf, denn seine Hose hatte er erst seit acht Tagen neu gekauft, und die däuchte ihm zu kostbar, als daß er sie im Spiele drangeben sollte. Kaum aus der Türe, sah er schon die Katzen tanzen, ging auf sie zu und wurde auch zum Tanz eingeladen: »Ja, ein Sprünglein will ich wohl mitspringen«, sprach er, »aber es muß nicht lange dauern, denn mein Buckel ist nicht leicht.«

Die Katze sprang mit ihm herum, aber er trat ihr jeden Augenblick auf die Füße, oder er stolperte oder machte anders eine Ungeschicklichkeit, wurde auch bald müde und stand still und wollte nicht mehr tanzen. »Wollen wir ihm nicht seinen Lohn geben?« fragte die große Katze wieder, und die andern fingen an zu lachen und riefen: »Gewiß, gewiß! Vollauf, vollauf!«

Nun führten sie ihn auch auf den Hügel, stellten ihn aber mit dem Gesicht nach der Grube. Dann sprach die große Katze: »Schlagt ihm ins Gesicht, und setzt ihm einen Buckel drunter«, und augenblicks fühlte er mit dem Schlag etwas auf seine Brust sich setzen, und als er näher danach griff, erkannte er zu seinem Schrecken, daß das ein zweiter Buckel war. Wütend wollte er sich umkehren, um unter die Katzen zu fahren, aber die Dillekensjagd sauste schon durch die Luft davon, und er stand im Dunkel allein. In dem Dorfe durfte er sich seit der Zeit nicht mehr sehen lassen, denn Alt und Jung neckte ihn, und die Kinder liefen ihm zischend auf der Straße nach. Er zog also weg, und man weiß nicht, wo er geblieben ist.

[Deutsches Märchen]

Männer mit innerer Kraft

≡∥≡∥≡∥≡∥≡

Bevor die Helden in den Märchen dieses Kapitels
die ihnen auferlegten Prüfungen beginnen,
treten sie in Beziehung zu anderen Wesen
oder Substanzen.
Erst durch diesen Erwerb von *mana*,
wakanda oder *innerer Kraft*
werden sie befähigt,
die zunächst unüberwindlich erscheinenden
Schwierigkeiten zu meistern.

Michel und die Schlange mit den sieben Köpfen

≡III≡III≡III≡

Es war einmal ein Königspaar, das bekam einen Sohn und nannte ihn Michel. Der König war sehr reich. Es gebrach ihm an nichts, weder an großen noch kleinen Dingen. Und sein Söhnchen spielte Tag und Nacht mit einem Geldstück, das er als Wurfscheibe benutzte.

Im Hofe des Königs gab es nun einen Teil, der war stets von der Außenwelt abgeschlossen. Hier waren sieben große Zauberer eingeschlossen. Denn diese sieben großen Zauberer waren sehr bösartig. Der König hätte sie gern in Freiheit gesetzt, doch fürchtete er, daß sie Menschen fressen würden. Und deshalb ließ der König überall kundtun, daß niemand die sieben großen Zauberer aus ihrer Abgeschlossenheit befreien dürfe. Wer es trotzdem täte, der sollte den Kopf verlieren. So hatten alle eine heilsame Angst; und niemand ging nahe an den abgeschlossenen Teil heran.

Eines Tages spielte der Prinz wieder mit dem Geldstück. Da wollte es der Zufall, daß der Reichstaler in das Gehege der sieben großen Zauberer hineinfiel. Der Prinz bat nun einen Zauberer: »Zauberer, gib mir meinen Taler wieder.« Doch der Zauberer erwiderte: »Den gebe ich nicht wieder heraus. Nur wenn du mir die Tür öffnest, gebe ich ihn dir wieder.«

Der Prinz hatte jedoch den Befehl seines Vaters vergessen. Er öffnete die Tür, ließ die großen Zauberer heraus und bekam dann von ihnen sein Geldstück wieder. Die großen Zauberer begaben sich aber in ihre Wildnis zurück.

Da wollte der König einmal nach den großen Zauberern

sehen. Sie waren nicht da. Nun wurde er böse und sagte zu den Leuten: »Wer die großen Zauberer herausgelassen hat, der melde sich, sonst laß ich euch allen den Kopf vor die Füße legen.«

Darauf rief der Prinz: »O Vater! Tu das nicht, sie haben gewiß keine Schuld. Ich bin schuld, mich kannst du töten.«

Sogleich riß der König sein Schwert aus der Scheide und wollte seinem Sohn den Kopf abschlagen. Doch die hohen Würdenträger legten sich ins Mittel, so daß der König seinen Sohn nicht tötete. Doch ließ er ihm am selben Tage noch alles Geld und alle schönen Gewänder fortnehmen und ihm schlechte geben, die er tragen sollte. Auch durfte der Prinz nicht mehr mit seinem Vater zusammen speisen. Er bekam auch nicht mehr so leckere Speisen wie früher zu essen. Er mußte in der Küche essen, bei den Dienern. Er schlief auch nicht mehr in einem prächtigen Gemach wie früher. Des Morgens mußte er die Schafe austreiben und hüten. Dann bekam er ein Bambusrohr mit Wasser und zehn Maiskolben. Davon mußte er tagsüber leben. Abends brachte er die Schafe wieder in den Stall. So wurde er von Tag zu Tag schmutziger. Aber er wusch sich nicht mehr wie früher, als sein Vater ihn noch gut behandelte.

Eines Tages sandte nun ein König aus einem andern Reiche an alle anderen Könige einen Brief. Darin stand zu lesen: »In meinem Reiche herrscht große Not. Wollt ihr mir helfen? Jeder König, der einen Sohn hat, schicke ihn zu mir. Und welcher Prinz mir die Schlange mit den sieben Köpfen tötet, dem will ich meine einzige Tochter zur Gemahlin geben.« Alle Fürsten sandten nun ihre Söhne aus, aber keiner getraute sich, mit der siebenköpfigen Schlange zu streiten. Gegen Abend brachte Prinz Michel seine Schafe wieder in den Stall. Als er sie eingebracht hatte, sagten die Diener zu ihm: »Prinz! Soeben erzählten etliche

Leute, daß alle Fürstensöhne sich in das Reich da irgendwo begeben sollen. Und wer die Schlange mit den sieben Köpfen erschlägt, bekommt die einzige Tochter des Königs zur Gemahlin.«

Der junge Prinz antwortete: »O du gütiger Himmel! Ich bin jetzt doch auch nur ein Diener des Königs!« In der Nacht fiel dem Prinzen aber wieder ein, was die Leute ihm erzählt hatten, und er weinte still vor sich hin.

Am anderen Morgen ging er wieder zum Schafhüten. Als er sie auf die Weide getrieben hatte, sah er die sieben großen Zauberer. Und die sieben großen Zauberer sahen ihn ebenfalls. Sie begrüßten den Prinzen, verneigten sich siebenmal vor ihm, schenkten ihm schöne Gewänder, die ihn viel besser kleideten als die, welche ihm sein Vater früher gegeben hatte. Und der Prinz sagte darauf zu den sieben großen Zauberern: »Ich habe die Leute erzählen hören, daß in dem Reiche da irgendwo ein König lebt mit seiner Tochter. Die Prinzessin ist sehr schön. Weiter hat der Vater der Prinzessin einen Brief gesandt, in dem er kundtat, daß der Prinz, welcher die Schlange mit den sieben Köpfen umbringt, seine Tochter zur Gemahlin bekommen soll.«

Die großen Zauberer antworteten: »Das ist schön, beunruhige dich nicht, sondern komme morgen wieder.«

Abends brachte Prinz Michel die Schafe in den Stall. Am anderen Morgen ging er wieder zum Schafhüten. Als die großen Zauberer ihn sahen, verneigten sie sich vor ihm und kleideten ihn noch prächtiger. Dann hießen sie ihn ein flinkfüßiges Pferd besteigen. Und obendrein schenkten sie dem Prinzen ein langes Schwert, womit er gegen die Schlange mit den sieben Köpfen streiten konnte.

Der Prinz ritt sogleich los und zur Schlange mit den sieben Köpfen. Als er dort anlangte, verwunderten sich alle Leute, weil er so glänzende Kleider trug und auf einem so prächtigen Rosse saß, das so schnell wie der Wind lief. Als der Prinz die Schlange mit den sieben Köpfen zu Gesicht bekam, rief er ihr zu: »Heda, du Schlange! Du sagst, daß alle Menschen dich fürchten. Nun komm heran, wir wollen unsere Kräfte miteinander messen.«

Die Schlange antwortete: »Na, Freundchen! Warum forderst du mich heraus? Du füllst ja noch nicht einmal die Lücken zwischen meinen Zähnen aus.«

Der Prinz erwiderte: »Schön. Selbst wenn du so hart wie eine alte Betelnuß bist, werde ich dich doch zu spalten wissen. Meine jugendliche Kraft wird dich schon in Stücke zu hacken wissen.«

Gleich darauf kam die Schlange mit den sieben Köpfen zum Vorschein und zeigte sich dem Prinzen. Und sofort begann der Kampf. Plötzlich fiel ein heftiger Regen und wehte ein scharfer Wind. Und Wind und Regen hörten erst auf, als die Sonne unterging. Prinz Michel siegte, er schlug die Schlange mit den sieben Köpfen tot. Dann hörten auch Regen und Wind auf.

Darauf stieg der Prinz vom Pferde ab, schnitt der Schlange mit den sieben Köpfen die Spitze der Zunge ab, wickelte sie in Blätter und nahm sie mit zu den großen Zauberern, die sie ihm aufbewahren sollten. Alsdann trieb er wieder seine Schafe in den Stall, zog seine schlechten Gewänder an und gab die schönen Kleider den Zauberern zurück.

Eines Tages wollte jemand zum Fischen gehen, da sah er am Meeresstrand die tote Schlange mit den sieben Köpfen. Nun fischte er nicht mehr, sondern zog mit den Köpfen der Schlange vor den König, um sie ihm zu zeigen. Er sagte zum König: »Ich habe die Schlange mit den sieben Köpfen erschlagen, jetzt will ich auch deine Tochter heiraten.«

Der König erwiderte: »Wo sind die sieben Köpfe der Schlange?«

Er zeigte sie dem König. Darauf sagte der König: »Gut, morgen früh will ich den Befehl erlassen, daß die Leute sich hier alle einfinden. Und übermorgen soll die Hochzeit sein.«

Als nach zwei Tagen die Leute alle des Morgens beisammen waren, sprach der König: »Heute soll meine Tochter ihre Hochzeit feiern. Macht euch an die Arbeit, und schmückt das Haus.«

Die Leute schmückten nun das Haus des Königs aus, auch die Straßen; auf diesen breiteten sie Gewänder aus, damit das Brautpaar darüber hinwegschritt.

In dem Palast, wo die Hochzeit stattfinden sollte, fanden sich alle Leute ein, unter ihnen auch Prinz Michel, der zwei der großen Zauberer im Gefolge hatte. Als der Prinz sich dem Hause näherte, fielen alle in Ohnmacht. Doch er stieg von seinem Pferd, besprengte die Leute im Brauthaus mit Wasser, und alle kamen wieder zu sich. Darauf fragte der Prinz: »Wo ist der Mann, der die Prinzessin freien soll?«

Die Leute antworteten: »Hier ist er.«

Nun fragte der Prinz den Mann: »Wo ist die Spitze von der Zunge?«

Der Mann erwiderte: »Wir haben der Schlange mit den sieben Köpfen das Maul geöffnet, doch die Zungenspitze haben wir nicht gesehen.«

Der Prinz entgegnete: »Die Zungenspitze habe ich bei mir.« Und sofort traten die beiden großen Zauberer hinzu, griffen den Mann, der die Prinzessin heiraten sollte, warfen ihn vor die Tür und verschwanden mit ihm in der Wildnis.

Prinz Michel aber heiratete die einzige Tochter des Königs. Sieben Tage und sieben Nächte währte das Fest.

[Malaiisches Märchen]

Ein Maschurdalo dient einem Zigeuner

≡⧵⧵≡⧵⧵≡⧵⧵≡

Vor vielen, vielen Jahren ging einmal ein junger Zigeuner aus, um die Pferde seines Stammes zu suchen, die sich im Gebirge verirrt hatten. Gegen Abend wollte er zu den Zelten zurückkehren, um dann mit einigen Männern nochmals das Gebirge nach den Pferden zu durchsuchen. Als er eine Wiese betrat, da sah er einen Maschurdalo im Grase liegen. Sein Kopf war blutig und sein rechter Arm gebrochen. Der junge Zigeuner wollte schon davonlaufen, als ihm der Maschurdalo zurief: »Komm her und fürchte dich nicht! Hilf mir in der Not, und ich will dir wie ein Knecht dienen!«

Der Jüngling trat also an den Maschurdalo heran, wusch ihm seinen Kopf mit Wasser, das er aus der nächsten Quelle in seinem Hute holte. Hierauf sprach der Maschurdalo: »Meine Hütte liegt dort im Walde! Geh hin, und dort wirst du eine Henne finden. Schlitze ihren Bauch auf, und bringe mir das Ei, das du in ihrem Innern findest!«

Der Bursche lief also in die Hütte, fand dort die Henne und kam mit dem Ei zum Maschurdalo zurück. Dieser verschlang das Ei und konnte sich nun vom Boden erheben, denn das Ei enthielt ein neues Leben für ihn. Als er aufgestanden war, sprach er also zum Jüngling: »Ein fremder Maschurdalo hat meine Schätze geraubt und mich beinahe totgeschlagen! Du hast mich vom Tode gerettet. Ich will dir also ein Jahr lang dienen und dich überallhin begleiten, wohin du eben willst!«

Hierauf nahm der Maschurdalo einen Zaum aus seiner Tasche hervor und sprach dann also zum Jüngling: »Wirf mir diesen Zaum über den Kopf, und ich werde dann ein mageres, häßliches Pferd, das aber so schnell wie der Wind fliegen kann.«

Der Jüngling warf also den Zaum dem Maschurdalo über den Kopf, und vor ihm stand nun ein Pferd, das also zu ihm sprach: »Setze dich auf meinen Rücken! Ich will dich an den Ort tragen, wo dein Glück blüht!«

Der Jüngling bestieg das Pferd, und fort ging es über Berg und Tal, über Fluß und Wald.

Nach neun Tagen kamen sie vor eine große Stadt. Dort blieb das Pferd stehen und sprach also zum Jüngling: »Hier wohnt ein reicher König, der hat eine schöne Tochter, die will er aber nur dem Manne zur Frau geben, der ihm die drei goldenen Äpfel vom Baume, der allerlei Samen trägt, bringt. Geh du allein in die Stadt, und sage dem König, daß du die Äpfel holen willst!«

Der Jüngling ließ nun das Pferd vor der Stadt zurück und ging zum König. Als er diesem sagte, daß er die drei goldenen Äpfel holen wolle, da lachten alle Leute, und der König sprach: »Du bist ein dummer Zigeuner, und du willst die drei goldenen Äpfel holen, die viele schöne Jünglinge nicht haben erlangen können! Nun gut, wenn du sie holen willst, so kannst du es ja tun!«

Der Jüngling kehrte zu seinem Pferd zurück und sagte ihm, daß der König und alle Leute ihn ausgelacht hätten. Das Pferd versetzte: »Laß sie nur lachen, sie werden bald nicht lachen, wenn du ihnen die drei goldenen Äpfel bringst!«

Der Jüngling bestieg nun das Pferd, und fort ging's über Berg und Tal, über Fluß und Wald.

Am neunten Tag kamen sie an einen Berg, wo ein alter Maschurdalo wohnte, und da sprach das Pferd zum Jüngling: »Ich kann mit dem Maschurdalo nicht kämpfen, denn sonst können wir nicht weitergehen! Damit er dich nicht besiege, so ist es nötig, daß du Blut aus meinem Leibe trinkst. Schneide mit deinem Messer ein Loch in meinen Leib, und sauge daraus das Blut, dann wirst du so stark wie ich und kannst leicht den alten Maschurdalo besiegen! Wenn er am Boden liegt, so töte ihn nicht, sondern verlange von ihm den Schlüssel zum goldenen Berg!«

Der Jüngling schnitt also ein Loch in den Leib des Pferdes und trank das Blut. Hierauf setzte er sich wieder aufs Pferd und ritt zum alten Maschurdalo. Er kämpfte mit ihm und warf ihn endlich auf den Boden. Als er auf ihm kniete, rief er: »Ich töte dich, wenn du mir nicht den Schlüssel zum goldenen Berg gibst!«

Der Maschurdalo gab dem Jüngling den Schlüssel zum goldenen Berg, worauf dieser sein Pferd bestieg, und fort ging's nun über Berg und Tal, über Fluß und Wald.

Am neunten Tage kamen sie vor den goldenen Berg, in welchem sich eine kleine Türe befand. Als das Pferd vor derselben stehen blieb, sprach es also zum Jüngling: »Öffne mit dem Schlüssel die Türe! Wenn wir drinnen sind, so sperre sie wieder ab! Wir werden mit neun schwarzen Hunden kämpfen müssen. Wenn wir sie gefesselt haben, dann nimm die weiße Decke, die am Baume rechts hängt. Besorge dieselbe gut, denn sie macht den, der sie sich umhängt, unsichtbar.«

Der Jüngling öffnete also die Türe, und als sie im Berge drinnen waren, schloß er sie hinter sich ab. Kaum war dies geschehen, da stürzten neun schwarze Hunde auf das Pferd und den Zigeuner los. Ihr fragt mich, wie konnten sie im dunklen Berge die Hunde sehen? Ja, aber im Berge da war es so hell, als ob zehn Sonnen scheinen würden! Das Pferd ergriff mit den Zähnen einen Hund nach dem andern und warf sie dann in ein großes Netz, das zwischen zwei Bäumen aufgespannt war. Dort konnten sie sich nicht rühren, und nun ging das Pferd mit dem Jüngling weiter.

Bald kamen sie auf eine große Wiese, und das Pferd blieb

stehen. Es sprach zum Jüngling: »Ich werde hier zurückbleiben, du aber gehe vorwärts. Bald wirst du den Baum sehen, der alle Samen der Welt trägt. Den Baum hält eine große Schlange im Maul, die dich mit ihrem Schwanze totschlägt, sobald sie dich erblickt. Deshalb hülle dich in die weiße Decke ein, und pflücke dann die drei goldenen Äpfel!«

Der Jüngling stieg vom Pferd, nahm die Decke auf sich und ging vorwärts. Bald erblickte er den großen Baum, der alle Samen der Welt trägt. Der Baum war sehr groß, daß er bis in den Himmel reichte, und sein Ende hielt eine riesige Schlange im Maul. Der Jüngling schlich nun heran und pflückte die drei goldenen Äpfel, die er in seine Tasche barg. Hierauf kehrte er, von der Schlange unbemerkt, zum Pferd zurück, welches ihn wieder in die Stadt des Königs führte.

Als der Jüngling dem König die drei goldenen Äpfel gab, da erhielt er die Königstochter zur Frau und lebte nun in Glück und Freude, bis an sein Lebensende. Der Maschurdalo aber zog wieder in seine Hütte zurück und lebte dort, so wie er konnte.

[Zigeunermärchen]

Wilisch Witiâsu

≡ǁ≡ǁǁ≡ǁǁ≡

Ein Kaiser und ein König, deren Reiche aneinander stie-
ßen, wurden einst in einer Nacht glückliche Väter: Des
Kaisers Gattin gebar einen Sohn, die des Königs eine
Tochter. Beide, der König wie der Kaiser, hatten hierüber
große Freude, aber bei dem Ersteren währte das nicht
lange, denn schon in der dritten Nacht, als die Königin
schlief, raubte ein mächtiger Drache die Prinzessin von ihrer Seite weg.

Als des Kaisers Sohn größer wurde, so träumte er jede
Nacht von einem wunderschönen Mädchen, ohne daß er
wußte, wer sie wäre. Sie kam ihm auch den Tag über nicht
mehr aus dem Sinn, und er fragte deshalb seine Amme,
wer das schöne Mädchen sei, von dem er immer so lebendig träume. Die Amme sagte ihm, daß dies keine andre
sein könne als die Königstochter, die mit ihm in einer
Nacht geboren, aber schon als ein dreitägiges Kind aus
ihrem Bettlein verschwunden sei, ohne daß man je eine
Spur von ihr habe entdecken können.

Es verging einige Zeit, während welcher der Prinz immer
und immer wieder von der schönen Prinzessin träumte
und ihr holdseliges Bild weder bei Tag noch bei Nacht
mehr aus dem Sinn brachte. Da konnte er es zuletzt nicht
länger aushalten, sondern ging zu seinem Vater, dem Kaiser, und bat ihn um Waffen, Geld und Soldaten, damit er
ausziehen könne, um die Tochter des Königs zu suchen.

Anfangs wollte der alte Kaiser nicht einwilligen, weil ihm
der Prinz für ein solches Unternehmen zu jung schien. Da
dieser aber nicht nachließ, ihn mit seinen Bitten zu bestür-

men, so gab er Befehl, es solle sich eine Anzahl Reisiger bereit halten, den Prinzen auf seiner Reise zu begleiten.

So zog der Prinz, nachdem er sich zuvor von Vater und Mutter verabschiedet hatte, von dannen, gab jedoch den Seinigen jeden dritten Tag Nachricht von sich. Überall wo er auf seiner Fahrt von Sklaven hörte, die entweder zum Tod verurteilt waren oder sich sonst in großem Elend befanden, ging er hin, löste sie mit Geld von ihren Herrn aus und schenkte ihnen die Freiheit. So erzählte man ihm eines Tags von dreien, die eben hingerichtet werden sollten und unter denen sich auch der berühmte Held Wilisch Witiâsu befand, der freilich unsterblich gewesen sein soll und von dem es heißt, er sei mit drei eisernen Reifen umgürtet gewesen. Der Prinz eilte hin, kaufte die drei los und schenkte ihnen die Freiheit, den Helden Wilisch aber bat er, mit ihm zu ziehen. Dieser fragte ihn, wohin er denn ziehe, und als ihm der Prinz sagte, er gehe, eine geraubte Königstochter zu suchen, so gab er zur Antwort, daß sie keine Soldaten mehr brauchen, er solle sie nur alle zurückschicken.

Darauf wies er den Prinzen an, eine Grube graben zu lassen und sich mit seiner Schar hineinzulegen, für sich aber verlangte er ein Glas Wein. Als dies geschehen war und Wilisch getrunken hatte, so sprangen die drei eisernen Reifen, die er um die Brust hatte, mit solcher Gewalt, daß sie weit davonflogen. Ihn selbst aber riß eine innere Glut so hoch in die Lüfte, daß er mit ungeheurer Gewalt wieder herabfiel.

Er rief den Prinzen. Nachdem der seine Leute alle zu seinem Vater zurückgeschickt hatte, sprach Wilisch: »Wir gehen jetzt, die Prinzessin vom Drachen zu befreien. Von diesem Zug kehre ich nicht wieder.« Dem Prinzen aber bangte deshalb nicht, und beide setzten ihren Weg guten Mutes fort. Endlich sprach Held Wilisch wieder: »Wir kommen jetzt auf die Sehnsuchtswiese, wo dich ein großes Heimweh befallen wird.« Hierauf erwiderte aber der

Prinz, er gedenke diesen Kampf schon mutig zu bestehen. »Dann«, fuhr Wilisch fort, »gelangen wir auf die Trauerwiese, und du wirst in deinem Innern alle möglichen Schmerzen und Wehen fühlen«, aber auch hierüber dachte der Prinz, mit festem Willen Herr zu werden. »Nach der Trauerwiese«, hob Wilisch wieder an, »müssen wir über das Blumenfeld. Dort sind viel tausenderlei schöne Blumen, die uns alle bitten werden, sie mitzunehmen. Hüte dich aber, auch nur eine zu pflücken! Wenn du es tust, so wäre es um deinen Kopf geschehen.«

Der Prinz merkte sich alles, und sie ritten weiter. Da kamen sie zu einer Quelle, und weil sie großen Durst hatten, stiegen sie ab, um zu trinken. Zuerst trank Wilisch, dann neigte sich der Prinz dazu nieder. Als er aber trank, stieß ihn Wilisch von hinten an, so daß er hineinfiel. Der Prinz kehrte sich nicht daran, sondern stand wieder auf, und siehe wie wunderbar: Seine Haare hatten sich im Wasser der Quelle ganz vergoldet. Sie bestiegen nun ihre Pferde wieder und zogen weiter.

Jetzt kamen sie auf die Sehnsuchtswiese, wo den Prinzen ein solches Heimweh ergriff, daß ihm war, er müsse zerspringen. Wilisch aber trieb zur Eile, und sie waren bald über die verhängnisvolle Grenze. Nach einiger Zeit erreichten sie die Trauerwiese, auf welcher der Prinz der Trauer seines Inneren, einem Heer von ungekannten Schmerzen, erlegen wäre, wenn nicht Wilisch, Böses befürchtend, ihn zu sich aufs Pferd genommen und so mit ihm, des Prinzen Pferd an der Hand, in eiligem Lauf die jenseitige Grenze erreicht hätte. Zuletzt kamen sie aufs Blumenfeld, da blühten tausenderlei der schönsten Blumen, die alle flehentlich baten und riefen: »Nimm mich mit! Nimm mich mit!« Der Prinz, eingedenk der Warnung, die er von Wilisch erhalten hatte, bezwang sein Verlangen nach den schönen Blumen: Doch sprang eine von selbst auf seinen Hut. Da erschien die Blumenkönigin, übersah das Feld, zählte ihre Blumen und bemerkte, daß eine fehlte. Wie sie dieselbe auf des Prinzen Hut erblickte, kam sie zornig herbei, zog ihr Schwert und wollte ihm den Kopf abhauen. Der Prinz aber beteuerte seine Unschuld, daß die Blume ohne sein Zutun ihm auf den Hut gesprungen sei. Dies bestätigten die anderen Blumen. Da befahl die Blumenkönigin ihren Blumen Stillschweigen und hieß die Entsprungene, wieder auf ihren Platz zurückzukehren.

Jetzt bat Wilisch die Blumenkönigin, ihm zu offenbaren, wo der Drache, welcher die Königstochter geraubt habe, zu finden sei. Da sie es nicht wußte, so wies sie ihn an die heilige Mutter Mittwoch, welche älter sei als sie und es deshalb besser wissen müsse. Zugleich warnte sie aber die beiden Helden auch vor der schlimmen Katze, welche die Türe hüte. Der Prinz und Wilisch dankten ihr freundlich, zogen weiter und kamen nach einigem Suchen zum Haus der heiligen Mutter Mittwoch. Sie traten ein ohne Furcht vor der bösen Katze, die das Haus hütete, sie beide aber nicht gewahr wurde. Die Alte wunderte sich, daß sie so unbemerkt hereingekommen seien, und fragte, was sie wünschen, worauf ihr Held Wilisch ihr Anliegen vortrug. Die heilige Mutter Mittwoch wußte jedoch auch nicht weiter und sandte die Helden deshalb zur heiligen Mutter Freitag, nachdem sie gleichfalls vor der bösen Katze gewarnt hatte, die dort als Wache unter der Türe liege. Bei der Mutter Freitag ging es den beiden Helden ebenso wie bei der Mutter Mittwoch: Sie wurden zwar freundlich aufgenommen, konnten aber auch hier keine weitere Kundschaft über den Drachen und dessen Behausung erhalten. Die gute Alte sandte sie zur heiligen Mutter Sonntag, welche jünger und wohl mehr in diesen Dingen bewandert sei. Auch die heilige Mutter Sonntag empfing die beiden Helden wohlwollend, lud sie ein, sich zu setzen, und indem sie sich wunderte, daß sie unangefochten über ihre Schwelle gekommen seien, fragte sie nach der Ursache ihres Kommens. Statt einer Antwort nahm sie eine Flöte und begann darauf zu spielen. Kaum erklangen die ersten Töne, so versammelten sich vor dem Haus eine Menge Tiere jeder Art. Von nah und fern, aus Wald und Flur zogen sie herbei, und auch alle Vögel ließen sich langsam aus den Lüften nieder, den Zaubertönen der Flöte gehorchend. Alle Tiere waren jetzt da, nur der Geier fehlte noch. Die heilige Alte fragte nun eines ums andere nach der Behausung des Drachen, der die Königstochter geraubt habe, aber keines war imstand, Auskunft über ihn zu geben.

Endlich hinkte der Geier herbei, und die heilige Mutter schalt ihn wegen seiner Saumseligkeit. Er aber entschuldigte sich, er sei krumm und könne den einen Flügel nicht gebrauchen, er habe sich denselben auf der eiligen Flucht vor dem großen Drachen verrenkt. Auf die Frage, ob er dessen Behausung wisse, bejahte er dies und erhielt von der heiligen Mutter Sonntag den Befehl, den beiden Helden den Weg dahin zu zeigen. Er erschrak darüber sehr und bat inständig, man möchte ihm erlauben, daß er nicht ganz bis zu des Drachen Behausung gehen müsse, sondern nur bis an die Grenze von dessen Gebiet. Das ward ihm bewilligt, Wilisch nahm ihn zu sich aufs Pferd, und die beiden Helden traten ihren Weg an, nachdem die heilige Mutter Sonntag sie aufs Gütigste verabschiedet hatte.

Als sie die Grenze des Drachengebiets erreicht hatten, zeigte ihnen ihr gefiederter Wegweiser von einem hohen Baum aus das Haus des Ungeheuers und entfernte sich darauf, so schnell er konnte. Wilisch sah, daß der Drache nicht zu Hause war, weshalb sie in größter Eile dem Haus zuritten. Sie fanden die Königstochter allein, und der Prinz erkannte sie alsbald, denn so hatte er sie in seinen Träumen gesehen. Sogleich ließen sie einen Wagen anspannen, hießen die Prinzessin einsteigen, die mit Freuden gehorchte, und eilten mit ihr davon.

Allein der Drache, so entfernt er auch gewesen war, roch, daß Fremde in seinem Hause seien, eilte herbei, den Entführern nach, riß die Geraubte wieder an sich und warf den Helden Wilisch in den tiefsten Abgrund der Erde. Den Prinzen aber schleuderte er so wütend den Wolken zu, daß er immer höher und höher flog und vielleicht am Ende ganz ins Endlose geraten wäre, wenn ihn nicht ein Haufen Wolken in sich aufgenommen hätte. Held Wilisch, da er unsterblich war, erholte sich bald von dem harten Fall. Er ging den Wolken nach, die den Prinzen bargen, und holte ihn dort.

Dann warteten sie, bis der große Drache sein Haus wieder verließ, und gingen dann unverdrossen noch einmal hinein. Jetzt besprachen sie sich, wie die schöne Prinzessin sicher zu entführen sei. Da sie weinte, fragte Wilisch nach der Ursache und erfuhr, daß sie betrübt ist, daß die Flucht mißlungen sei: Sie habe dem Ungetüm jeden Tag Ungeziefer aller Art von seinem scheußlichen Körper kratzen müssen. Wilisch riet ihr nun, wenn sie wieder an diesem Geschäfte sei, solle sie dazu weinen. Dann werde der Drache sie um die Ursache ihrer Tränen fragen, und sie solle ihm erwidern: »Weh! Du hast den berühmten Helden Wilisch Witiâsu in den tiefsten Abgrund der Erde geworfen, und den Prinzen, der mit mir in einer Stunde geboren ist, hast du in alle Lüfte geschleudert! Was wird aus ihnen werden?« So werde sie sein Mitleid erregen, dann solle sie ihn weiter fragen, wo er seine Kraft besitze. Die Prinzessin versprach, so zu tun. Wilisch aber verwandelte sich in einen Basilisken, um die Unterredung der Prinzessin mit dem Drachen unbesorgt mit anhören zu können. Dann versteckte er sich und den Prinzen unter einem der Steinbilder, die in dem Saal umherstanden.

Als der Drache heimkam, legte er sich nieder und befahl der Prinzessin, ihr tägliches Geschäft vorzunehmen, worauf sie tat, wie ihr Wilisch geraten hatte. Endlich wagte sie es und fragte, wo er seine Kraft besitze. Er aber fuhr sie rauh an, wozu sie dies wissen wolle. Sie ließ sich dadurch nicht bange machen, fragte nochmals und fügte hinzu: »Wir sind ja allein!« Darauf sagte ihr der Drache: »Wenn einer zum Milchteich geht und dreimal mit der Hand auf dessen Spiegel schlägt, so wird ein Geier auftauchen, mit dem er ringen muß. Wird er von demselben besiegt, so erliegt er auch mir. Wird aber der Geier überwunden, so verliere auch ich meine Kraft mit ihm.« So sprechend, entfernte sich der Drache. Wilisch aber trat vor und sagte voll Freude zu der Prinzessin: »Nun gehörst du uns!«

Dann entfernten sie sich, er und der Prinz, und gingen zum Milchteich, wo Wilisch dreimal mit der flachen Hand auf den Milchspiegel des Teiches schlug, worauf sogleich ein riesiger Geier zum Vorschein kam. Wilisch rang mit ihm und ward wirklich nach kurzem Kampf Meister über ihn. Um dieselbe Zeit fühlte der Drache daheim seine mächtige Kraft schwinden. Als Wilisch wieder zum Prinzen kam, sprach er: »Nun sei ein Jäger, ich werde mich in einen Jagdhund verwandeln, und es werden zwei Hasen kommen, die schieße!« Der Prinz schickte sich zur Jagd an, im Augenblick war Wilisch ein Jagdhund und trieb ihm zwei Hasen in den Schuß, die der Prinz auch mit einem Pfeil erlegte. Darauf gingen sie weiter, und es flogen zwei Vögel herbei, die sich zu beiden Seiten des Wegs setzten und von denen der eine klagte: »Oh, ich Elendster!« Der andere aber sang: »Oh, ich Glückseligster!« Auch diese beiden Vögel schoß der Prinz auf einmal. Jetzt nahm der Wilisch wieder seine wahre Gestalt an und sagte zu dem Prinzen: »Nun warte hier, bis ich wiederkomme, ich muß mich jetzt neun Tage lang entfernen.« Der Prinz blieb, Wilisch aber ging zu den vier Steinsäulen und betete sie neun Tage lang an, worauf aus denselben ein Schwert und ein Stahl herauskamen. Der Held steckte dieselben zu sich und kehrte damit zum Prinzen zurück.

Nun säumten sie nicht länger, wieder zu des Drachen Behausung zu gehen, als er eben daheim war. Er aber verkroch sich und heulte: »Ich meinte, ich habe dir deine Kraft genommen, aber du hast die meine verzehrt.« Hierauf nahm Wilisch die Prinzessin und übergab sie dem Prinzen. Er selber blieb zurück, bis sie auf der Grenze waren. Dann ergriff er den Drachen, legte ihn auf eine Türe, die er aus den Angeln hob, setzte den einen Fuß auf die Türschwelle, den anderen aber auf eine Leiter und hieb zweimal nach des Drachen Kopf. Als dies nichts half, nahm er den Stahl, den ihm die Steinsäulen gegeben hatten, wetzte die Schneide seines Schwertes, und er schlug dem Drachen jetzt mit einem Hieb den Kopf herunter. Dann eilte er, so schnell er konnte, davon, schwang sich auf und ritt, was das Pferd laufen mochte, dem Prinzen und der Prinzessin nach. Das wütende Drachenblut brodelte wild auf und rann ihm nach, konnte ihn aber nicht mehr erreichen. Auch die Füße des Ungetüms fingen an zu laufen, konnten ihn aber auch nicht fangen, so daß Wilisch wohlbehalten bei dem flüchtigen Paar ankam und mit ihnen fortzog.

Sie waren nicht mehr fern von der Stadt, wo der Kaiser, des Prinzen Vater, wohnte. Der Prinz schrieb einen Brief an seine Eltern und benachrichtigte sie, daß er mit der Prinzessin komme. Sie waren aber gegen ihre künftige Schwiegertochter feindlich gesinnt. Daher sandte die Kaiserin der Prinzessin ein Hemd zum Geschenk, welches Wilisch sogleich in Stücke zerhieb, und er riet ihr, ja von des Prinzen Eltern nichts anzunehmen, denn wenn sie dieses Hemd angezogen hätte, wäre sie zu einer Steinsäule geworden. Als die Reisenden der Heimat näher gekommen waren, sandte der Kaiser zwei prächtige Pferde, welche aber Wilisch ebenso in tausend Stücke zerhieb. So kamen sie endlich ohne die elterlichen Geschenke zu Hause an, wo der Prinz die Königstochter wider den Willen seines Vaters und seiner Mutter heiratete.

Bei der Hochzeit trank Wilisch ein Glas Wein und wurde sogleich darauf zur Steinsäule. Über den Verlust eines so treuen Freundes empfanden der Prinz und seine Gemahlin tiefe Trauer, und der Prinz fragte allenthalben um Rat, wie er den unsterblichen Helden wieder ins Leben rufen könne. Endlich erfuhr er bei einer Wehmutter, wenn er das tote Steinbild des Helden mit dem frischen Blut eines anverwandten Kindes bestreiche, so werde das dem Helden das Leben wiedergeben, er solle daher einem solchen Kind einen Finger abschneiden. Als bald hierauf eine seiner Anverwandten Zwillinge gebar, eilte er hin und zerhieb eines der Kinder ganz, sammelte das Blut und beschmierte damit des Helden Wilisch Steinbild, welches sich alsbald zu seiner und der Prinzessin großer Freude wieder belebte. Aber auch der Kaiser und die Kaiserin staunten über ein solches Wunder und verwandelten von jetzt an ihren Widerwillen gegen die unschuldige Prinzessin und den Helden Wilisch in Liebe. Es wurden glänzende Festlichkeiten veranstaltet, bei denen das Volk die größte Freude bewies, an dem schönen jungen Paar und seinem treuen Freunde, dem Helden Wilisch Witiâsu.

[Walachisches Märchen]

Hänschen, dem ein Mohr in den Mund speit

≣║≣║≣║≣

Es war einmal ein Priester, dem hatte seine Frau nur eine Tochter geboren, und das hatten sie sehr lieb, weil es nicht nur ihr einziges Kind war, sondern weil es auch im ganzen Dorfe kein schöneres gab. Der Priester hatte auch einen Knaben in seine Dienste genommen, der hieß Hänschen und hielt sich so wacker und anständig, daß ihn der Priester lieb gewann und ihm oft im Scherze sagte, er wolle ihm seine Tochter geben. Da er nun merkte, daß Hänschen damit sehr zufrieden war, so brauchte er das zum Antriebe des Dieners bei irgendeiner schweren Arbeit und sprach dann jedesmal: »Tue mir das, und du sollst auch meine Tochter haben.« Das tat er so lange, bis Hänschen wirklich glaubte, daß es sein Ernst sei.

Eines Tages aber sprach der Priester: »Hänschen, gehe in den Wald, und haue so viel Holz, wie du kannst, denn am nächsten Sonntag soll meine Tochter Hochzeit halten.«

Als Hänschen das hörte, wurde er über die Maßen traurig und ging mit den Lasttieren in den Wald, ohne zu wissen, was er tue. Dort setzte er sich auf einen Baumstumpf, und nachdem er eine Weile gesessen, seufzte er aus tiefer Brust und rief: »Ach!«

Da erschien sofort ein großer Mohr vor ihm und fragte: »Was ist dein Begehr? Warum hast du mich gerufen?«

Hänschen sagte darauf: »Ich habe dich nicht gerufen.«

Der Mohr aber antwortete: »Wohl hast du das getan, denn ich heiße Ach!«

Da erzählte ihm Hänschen seinen ganzen Kummer, und als er damit fertig war, hieß ihn der Mohr den Mund aufmachen, spie ihm hinein und sprach: »Alles, was du sagen wirst, das soll geschehen«, und verschwand darauf.

Als sich Hänschen von seinem Schreck erholt hatte, wollte er versuchen, ob ihn der Mohr auch nicht zum Besten gehabt habe, und er sagte also: »Ich wollte, das Holz wäre gehauen!« und sogleich war es gehauen. Dann sagte er: »Ich wollte, es wäre auf die Tiere geladen«, und sogleich standen diese geladen vor ihm, und auf diese Weise brachte er in einem Tage so viel Holz nach Hause, wie ein anderer nicht in vierzehn Tagen hätte bringen können. Da wunderte sich der Priester und fragte ihn, wie er es angefangen habe, so viel Holz auf einmal zu schlagen. Hänschen aber antwortete: »Ich tat das aus lauter Freude über die Hochzeit deiner Tochter.«

Als nun die Hochzeit vorüber war und es Nacht wurde, da schlich sich Hänschen an das Brautgemach und sah durch ein Astloch, was darin vorging, und als der rechte Augenblick kam, rief er: »Bleibt so!« und legte sich dann schlafen. Am anderen Morgen wartete der Priester vergebens darauf, daß das junge Paar aus der Kammer kommen werde. Als aber um Mittag die Eltern des Bräutigams kamen, um ihre Glückwünsche darzubringen, da verlor er die Geduld und schlug die Türe ein. Über das, was er nun sah, fuhr er sich vor Schrecken mit beiden Händen in den Bart, und seine Frau kniff sich in ihre beiden Wangen, und in diesem Augenblick sagte Hänschen heimlich: »Bleibt so!« und da konnte weder der Priester seine Hände von dem Barte noch seine Frau die ihrigen von den Wangen bringen.

Da sagten sie zu Hänschen, er solle zu der klugen Frau im Dorfe gehen und diese herholen. Das tat er, und weil sie unterwegs über einen Graben springen mußten, so hob die kluge Frau ihren Rock von hinten auf und warf ihn über die Schultern. Da sprach Hänschen: »Der Rock soll haftenbleiben!« und nun mochte die kluge Frau daran ziehen

86

und zerren, wie sie wollte, sie konnte ihn nicht herabbringen. Aber sie erriet, daß der Zauber von Hänschen komme, und verlangte daher, daß sie alle zusammen vor den Richter gehen sollten, damit dieser die Sache entscheide. Man trug also die Brautleute in ihrem Bette zu dem Richter, und ihm folgten die andern in dem Zustande, in welchen sie Hänschen verwünscht hatte. Als der Zug an dem Kaffeehaus vorbeikam, wo die Ersten der Stadt sich zu versammeln pflegten, da entstand unter ihnen ein großer Jubel, und einer von ihnen tippte mit seiner langen Pfeife der klugen Frau, als sie an ihm vorüberging, an den Hintern. Da verlor Hänschen keinen Augenblick und sprach: »Die Pfeife soll an der Frau und die Lippen des Mannes an der Pfeifenspitze haften.«

In diesem Aufzuge erschienen sie vor dem Richter und verklagten bei ihm Hänschen als den Urheber dieses Skandals. Der Richter wurde über den ganzen Aufzug so zornig, daß er seinen Leuten befahl, auf Hänschen loszuschlagen. Sowie aber einer von diesen seinen Stock aufhob, da sprach Hänschen: »Bleibe so!« Als nun alle mit aufgehobenen Stöcken dastanden, wurde der Richter wütend und bückte sich vom Sofa aus auf die Erde, um seine Pantoffeln zu nehmen und nun selbst auf Hänschen loszugehen. Der aber sprach: »Bleib so!« und nun blieb der Richter in dieser unbequemen Stellung. Da begann er Hänschen um Gnade zu bitten, und alle andern gaben ihm gute Worte. Der aber sprach: »Wenn ihr mir die Priesterstochter zum Weibe gebt, so lasse ich euch los, wenn ihr mir sie aber nicht geben wollt, so bleibt ihr, wie ihr seid.« Da riefen alle, daß er sie bekommen solle, und er ließ sie los und hielt statt des andern Hochzeit mit der Priesterstochter.

[Griechisches Märchen]

Lonopuha oder Der Ursprung des Heilens und die Geschichte von Milu

≡⫴≡⫴≡⫴≡

Als Milu noch in diesem Land Hawaii wohnte und noch nicht der Herr der Unterwelt war, kamen gottähnliche Menschen über das Meer. Sie kamen von Kahiki und landeten in Ni'ihau. Sie setzten über nach Kauai, dann nach Oahu, nach Molokai und nach Maui. Sie landeten im Süden unserer Insel und gingen nach Puna und weiter nach Hilo. Schließlich ließen sie sich in Kukuihaele nieder.

Diese Geist-Menschen brachten Krankheiten in unser Land. Überall wohin sie kamen, bekamen die Menschen Kopfschmerzen und Fieber, Schüttelfrost und andere Beschwerden. Viele Menschen starben. Die Fremden brachten den Tod.

Ihnen folgte ein Mann, der die Kraft des Heilens hatte. Er hieß Kamaka nui aha i lono. Er ging überall dorthin, wo jene Fremden die Menschen krank gemacht hatten. Er kam nach Kau und machte halt in der Nähe von Waiohinu. Dort lebten viele Menschen, ihr Häuptling war Lono. Dieser Fremdling setzte sich auf den Hügel, und die Leute gingen zu ihm.

Kamaka sah die Rötung der Haut von einem von ihnen und sagte: »Oh, was für eine Hautrötung dieser Mann hat!«

Sie sagten ihm: »Dies ist Lono, der Häuptling dieses Landes. Er ist Pflanzer. Siehe seinen Stock zum Graben.«

Kamaka sprach nochmals von der Färbung von Lonos Haut, er sagte zu den Leuten: »Der Häuptling ist krank.«

Sie antworteten: »Er ist ein gesunder Mann, du aber sagst, er sei krank.«

Dann ging Kamaka weiter. Einige Leute berichteten dem Häuptling, was der Fremdling gesagt hatte. Lono war ärgerlich, er hob seinen Stock und sagte: »Ich bin kerngesund, und dieser Mann behauptet, ich sei krank!« Er schlug mit seinem Stock auf. Dabei fuhr die Spitze in seinen Fuß, so daß er blutete. Er verlor so viel Blut, daß er niederfiel und ohnmächtig wurde. Daher ergriff einer seiner Männer ein Schwein und lief hinter dem Fremdling her.

Kamaka hörte das Schwein quieken, drehte sich um und sah den Mann mit der Gabe herbeilaufen. Der Mann stellte das Schwein vor ihn hin und bat ihn zurückzukehren. »Lonos Fuß ist verletzt. Komme zurück und heile ihn.«

Daher kehrte Kamaka um. Unterwegs sammelte er Samen und Blätter von jungen Popolo-Pflanzen. Er bat die Leute, ihm Meerwasser zu bringen. Er zerstampfte das Popolo mit dem salzigen Wasser, legte es auf die Wunde, bedeckte sie mit Kokosnuß und sprach Gebete der Heilung. Das Bluten hörte auf. Kamaka wartete noch einige Tage, dann ging er weiter.

Plötzlich hörte er lautes Atmen hinter sich, und er blieb stehen. Es war Lono. Kamaka sagte: »Lono! Du bist es! Wohin gehst du?«

Der Häuptling antwortete: »Du hast mich geheilt. Nachdem du weg warst, habe ich mein Amt an meine Nachfolger weitergegeben und bin gekommen, um von dir die Kunst des Heilens zu erlernen.«

Da sagte der Fremdling zum Häuptling: »Öffne deinen Mund«, und er spuckte hinein. Dadurch erhielt der Häuptling seine geheimnisvolle Fähigkeit, seine Kraft zum Heilen.

Die beiden gingen weiter, Kamaka und der Häuptling mit Namen Lonopuha; so wurde er von dieser Zeit an wegen seines geschwollenen Fußes genannt. Sie gingen durch Kau, durch Puna und durch Hilo. Beim Gehen lehrte ihn

Kamaka die Pflanzen, die das Mana, die Fähigkeit zum Heilen hatten. Sie gingen nach Hamakua und bis Kukui-haele. Dort sprach Kamaka: »Es ist besser, wenn wir uns nun trennen, sonst kann deine Arbeit nicht gelingen. Du mußt an einem anderen Ort leben, lasse deine Heilkraft deine eigene sein.«

Daher ging Lonopuha weiter nach Waimanu, während Kamaka in Kukuihaele blieb. Später hörte Kamaka von Lonopuhas Arbeit, von seiner Fertigkeit, seinem Mana zum Heilen. Aber Kamaka verriet nie, daß er es gewesen war, der Lonopuha unterrichtet hatte, dies blieb sein Geheimnis. Diese Geist-Besucher, die zuvor gekommen waren, erfuhren nie, daß Lono durch ihn die Heilkunst gelernt hatte.

Diese Dinge geschahen zu der Zeit von König Milu, ehe dieser der Herr der Unterwelt wurde. Es war die Zeit, als die Fremden nach einem Weg suchten, Milu umzubringen. Durch ihre bösen Taten wurde Milu krank.

Eines Tages kam es Milu zu Ohren: »Lonopuha kann heilen. Sein Mana wird dieses Etwas aus Milus Körper verbannen.«

Daher sandte Milu seinen Boten zu Lonopuha. Dieser kam und betastete Milus Körper und sagte: »Dieses böse Etwas wird weggehen, wenn du getan hast, was die Götter von dir erwarten.«

Dann sprach Lonopuha seine Gesänge und legte eine Packung aus bestimmten Blättern auf. Nach einiger Zeit war Milu gesund. Da sagte Lono: »Ich habe es geschafft. Du bist nun gesund. Aber jetzt mußt du dich in einem Genesungshaus ausruhen und einen ganzen Monat darin bleiben.«

Daher wurde ein Haus gebaut und ganz mit Ti-Blättern bedeckt. Milu ging hinein und legte sich nieder.

Lonopuha sprach, so wie Kamaka es ihn gelehrt hatte: »Oh, König! Du mußt in diesem Haus eine bestimmte

Zeit ruhen. Bleibe ganz ruhig liegen. Wenn du den Beifall der Menge beim Sport hörst, schiebe auf keinen Fall die Blätter des Hauses zur Seite, um hinauszuschauen. Bleibe hier und ruhe. Wenn du hinausschaust, wirst du sterben.« Nach einiger Zeit war draußen ein großer Lärm von Menschen zu hören. Das kam daher, daß den ganzen Tag lang zwei Vögel in der Luft spielten und die Leute ihnen zuschauten und zujubelten. Aber der König blieb liegen, er widerstand der Versuchung, die Blätter seines Hauses zur Seite zu schieben und nachzuschauen.

Als der Mond zwanzig Nächte alt war, waren wieder Rufe zu hören. Die Ursache war ein riesiger tropischer Vogel mit wunderschönen Federn, der aus den Wolken geflogen kam. Er segelte über den Klippen und schwebte über den Menschen. Diese riefen, jubelten, liefen ihm nach. Da mißachtete Milu die Worte Lonos und hob die Blätter seines Hauses, um zu schauen, was diesen Lärm verursachte. Da flog der Vogel im Sturzflug heran und tauchte nach Milu. Er stieß mit seinem Schnabel zu und schnappte sich die Leber des Königs! So war Milus Leben genommen.

Lonopuha sah den Vogel mit Milus Leber davonfliegen. Er verfolgte ihn. Der Vogel sah, daß Lono ihm nachjagte. Er tauchte und verschwand in einem Felsen der Klippe. Als Lonopuha den Felsen erreichte, sah er dort, wo der Vogel hineingeflogen war, das verspritzte Blut.

Mit einem Kleidungsstück saugte er das Blut auf. Er trug das Blut zurück zu Milus Körper im Blätterhaus und drückte es in die Wunde. Darauf legte er heilende Blätter. Milu wurde wieder lebendig und erholte sich. Der Ort am Fuß dieser Klippe wird seitdem Ke ake o Milu genannt, das heißt ›Milus Leber‹.

Später warnte ihn Lonopuha, der Priester: »Du bist diesem Tod entronnen; aber da wartet noch ein anderer auf dich. Mißachte meine Worte nicht noch einmal. Wenn die Menge den Wellenreitern zujubelt, bleibe im Haus!«

Eines Tages waren die Wellen hoch. Großartige Sturzwellen rollten auf den Strand zu, und viele junge Häuptlinge waren mit ihren Surfbrettern draußen, auch einfache Leute. Die Menge schrie und jubelte den Wellenreitern zu. Die Wellenreiter sprachen ihre Gesänge für gute Wellen, und die Götter antworteten mit Sturzwellen, mit langen, langsam daherrollenden Wellen, auf denen man ausgezeichnet reiten konnte.

Dies führte Milu in Versuchung, und er verließ sein Genesungshaus. Er schob die Blätter zur Seite und trat heraus. Er ging zu seinem Brett, zu seinem königlichen Oro aus Wiliwili.

Sein Brett war größer als zwei große Männer, schön bemalt und geölt. Dieses funkelnde Brett nahm Milu, lief zum Strand und schwamm hinaus.

»Hier ist Milu! Hier ist Milu, der König, mit seinem Oro! Laßt uns ihm zuschauen!«

Die Leute beobachteten, wie der König nach der besten Stelle zum Wellenreiten suchte. Er schwamm unter den niedrigen Wellen hindurch, durch die hohen Wellen, fand die Stelle und wartete. Milu ließ die erste große Welle vorbei, er ließ die zweite vorbei. Dann sah er seine Gelegenheit, er nahm die dritte Welle. Sein königliches Brett ragte vorne empor, und der schöne Milu stand. Der König stand und ritt auf dem rollenden Kamm. Die Leute jubelten, schrien und riefen: »Hier ist Milu! Er ist wieder gesund! Er reitet die Welle!«

Der König ritt heran und landete am Strand. Er drehte sich um, schob sein Brett wieder hinaus und fand wieder seine Stelle. Er wartete auf seine Welle, sie kam, und Milu stand auf seinem Brett und ritt stolz auf dem wirbelnden Weiß zum Strand.

Aber dort, wo die Wellen sich brechen und den Sand aufwirbeln, dort rutschte diesmal Milus Brett unter ihm weg. Er fiel und wurde in das schäumende Wasser geworfen.

Die Leute riefen erstaunt: »Er ist weg! Unser Milu ist weg!«
Dann eilten alle, um nach ihm zu schauen, aber vergebens. Der Körper des Königs wurde nie gefunden.
So endet die Geschichte von Milus Ungehorsam in dieser Welt. Danach war er in der Unterwelt.

[Märchen aus Hawaii]

Der Meister der Teezeremonie

⚌⚏⚍⚎

Es war einmal ein Meister der japanischen Teezeremonie aus der Provinz Tasa. Ein Mann mit großer meditativer und spiritueller Vollkommenheit, aber keinerlei Fähigkeit im Kämpfen. Dieser Mann beleidigte aus Versehen einen hochrangigen Samurai und wurde zum Duell herausgefordert.

Er ging daraufhin zum örtlichen Zen-Meister und fragte um Rat. Dieser sagte ihm, daß er wenig Chancen habe, das Gefecht zu überleben, daß er sich aber einen ehrenhaften Tod sichern könne, wenn er den Kampf angehen würde wie das förmliche Ritual der Teezeremonie. Er solle seine Gedanken sammeln und dem kleinlichen Geschnatter der Gedanken an Leben und Tod keine Aufmerksamkeit schenken. Er solle geradeheraus das Schwert ergreifen wie den Löffel in der Teezeremonie: Und mit derselben Ruhe und Konzentration, mit der er das kochende Wasser über den Tee gösse, solle er vorwärtsschreiten und seinen Gegner mit einem Schlage niederstrecken.

Der Meister der Teezeremonie bereitete sich entsprechend vor und entsagte aller Angst vor dem Tod. Als der Morgen des Duells kam und der Samurai der völligen Gelassenheit und Furchtlosigkeit seines Gegners begegnete, war er so erschüttert, daß er sogleich um Vergebung bat und den Kampf absagte.

[Japanisches Märchen]

Engagierte, lebensbejahende Männer

☰☷☰☷☰☷

Die Männer in den Märchen dieses Kapitels
kämpfen weder für egoistische Zwecke
wie Macht oder Status,
noch sind sie Soldaten,
die im Dienste der jeweils Herrschenden töten.
Sie setzen sich ein für höhere Zwecke,
für das Wohl des Ganzen.
Sie sind Befreier, Helfer, Ratgeber, Gefährten, Heiler.

Der arme Hirt

Es lebte einmal in einem Dorfe ein junger Hirt, der sehr arm war. Als er einmal seine Herde ins Gebirge auf die Weide trieb, zerrissen die Wölfe viele seiner Schafe, und da er sich nun vor den Leuten im Dorfe fürchtete, kehrte er vom Gebirge nicht mehr nach Hause zurück, sondern zog in die Welt. Er wanderte von Stadt zu Stadt, von Dorf zu Dorf und gelangte nach langer Wanderschaft an einen Berg, wo ein kleines Häuschen stand. Draußen vor der Haustür saß eine Frau, die fragte den Jüngling: »Wohin gehst du?«

»Ich ziehe in die Welt«, entgegnete der Hirt.

»Und was willst du in der Welt machen?« fragte darauf die Frau.

»Das weiß ich noch nicht«, erwiderte der Hirt, »zu Hause konnte ich nicht länger bleiben, denn die Wölfe haben die Schafe zerrissen, die ich hätte hüten sollen, und da ich mich vor den Leuten fürchtete, so zog ich in die Welt und suche mir einen Dienst.«

Darauf begann er zu weinen, denn es schmerzte ihn, daß er seine Heimat hatte verlassen müssen. Die Frau sagte: »Weine nicht, mein lieber Jüngling! Ich habe ein größeres Unglück erlebt als du. Meine einzige Tochter hält eine böse Urme gefangen. Ich selbst bin eine gute Urme und habe trotzdem keine Macht, meine Tochter zu befreien. Denn nur ein Mann ist imstande, die böse Urme zu besiegen.«

Da sagte der Jüngling: »Sieh, ich habe keinen Dienst, wenn du mir den Weg zur bösen Urme zeigst, so will ich deine Tochter befreien.«

Die gute Urme erwiderte darauf: »Wenn du dies versuchen willst, so will ich dir helfen, soweit es in meiner Macht steht. Ich kann dir aber nur eine Salbe geben, die alle Fesseln sprengt, welche du damit bestreichst.« Sie gab ihm die Salbe, und der junge Hirt zog nun weiter in die Welt.

Nach langer Wanderschaft gelangte der Hirt in einen Wald, wo er einem alten Manne begegnete, bei dem er sich erkundigte, wo die böse Urme wohne. Der alte Mann erwiderte, er wisse es nicht, aber sein Bruder, der tiefer drinnen im Walde wohne, der könnte es ihm vielleicht sagen.

Der Jüngling ging nun tiefer in den Wald hinein und traf dort einen noch älteren Mann, bei dem er sich nach der Wohnung der bösen Urme erkundigte. Der alte Mann sagte: »Ich weiß es nicht, aber mein Diener, der Adler, wird es vielleicht wissen.«

Da rief er seinen Diener, der ein Adler war, herbei und fragte ihn nach der Behausung der bösen Urme. Der Adler sprach: »Sie wohnt gar weit von hier. Ein Mensch kann von hier aus erst in sieben Jahren ihre Hütte erreichen.«

Da sagte der alte Mann: »Nimm diesen Jüngling auf deinen Rücken, und fliege mit ihm zur Hütte der bösen Urme.«

Nachdem sich der Jüngling beim alten Manne bedankt hatte, setzte er sich auf den Rücken des Adlers, und dieser flog nun wie der Wind durch die Luft. Nach sieben Tagen erblickten sie tief unter sich eine Burg, deren Dach weithin in der Sonne glänzte. Rings um die Burg herum wuchs viele hundert Meilen weit kein Gras, kein Baum: Nur Steine und kahle Felsen waren zu sehen. Da sagte der Adler: »Das ist die Burg der bösen Urme!«

Darauf ließ er sich in der Nähe der Burg auf die Erde nieder und sagte: »Nun steige von meinem Rücken herab, wir sind am Ziele. Doch bevor ich dich verlasse, will ich dir etwas mitteilen, was dir nützen wird. Die böse Urme hat in einem Zimmer einen runden Spiegel. Sie wird dich in das Zimmer führen, doch blicke nicht in den Spiegel, sondern gehe rasch an ihm vorüber; denn wer in den Spiegel blickt, wird in einen Stein verwandelt, welchen die Urme dann vor ihre Burg hinauswirft.«

Darauf erhob sich der Adler in die Luft und flog von dannen, der Hirt aber ging in die Burg hinein und fand dort die böse Urme beim Herde sitzen. »Was suchst du hier?« rief sie ihm entgegen.

Der Jüngling sagte: »Ich suche einen Dienst.«

Darauf erwiderte die böse Urme: »Den kannst du bei mir haben, wenn du drei Arbeiten zustande bringen kannst. Vor allem mußt du meinem Sohn, dem Drachen, abends, wenn er nach Hause kommt, die Haare abscheren, ohne daß er es bemerkt. Bis er nach Hause kommt, trage diese Speise in den Keller hinab, und gib sie dem Mädchen, das du dort finden wirst.«

Der Jüngling tat also und fand im Keller ein wunderschönes Mädchen, an Händen und Füßen gefesselt, weinend sitzen. Da sagte der Jüngling: »Weine nicht, ich bin gekommen, dich zu befreien. Ich muß dem Drachen die Haare scheren, ohne daß er es wahrnimmt. Ich weiß nur nicht, wie ich das anfangen soll!«

Das Mädchen sprach: »Wenn der Drache nach Hause kommt, so wird er essen. Reiß mir ein Haar aus, zerstückele es und mische es in seine Speisen, die du am Herd finden wirst. Der Drache wird dann in einen tiefen Schlaf verfallen, und dann kannst du ihm seine Haare abscheren. Wenn du das getan hast, wird er Blut schwitzen. Das Blut trockne mit einem Tuch auf, und verbrenne es dann, die Asche aber sammle, und hebe sie auf, denn sie wird dir von großem Nutzen sein.«

Der Jüngling entfernte sich darauf und tat so, wie das Mädchen ihm geraten hatte. Als am nächsten Morgen die böse Urme ihren Sohn, den Drachen, geschoren sah, sagte sie: »Die erste Arbeit ist dir gelungen. Jetzt kommt die zweite: Abends gehe in den Stall, und melke die Kuh, die sich dort befindet. Jetzt aber trage diese Speise dem Mädchen in den Keller hinab.«

Der Hirt stieg in den Keller hinab, und das Mädchen fragte ihn: »Hast du das Drachenblut gesammelt und das Tuch verbrannt?«

»Ja«, erwiderte er, »die Asche habe ich bei mir in der Tasche. Heute abend muß ich die Kuh im Stall melken.«

Das Mädchen sagte drauf: »Wenn du die Kuh melken wirst, werden unzählige Schlangen aus allen Ecken und Winkeln hervorkriechen und dich erwürgen wollen. Aber das wird nicht geschehen, wenn du die Asche unter dich und unter die Kuh streust. In der Milch aber bade dich, denn das wird dir von großem Nutzen sein.«

Der Jüngling entfernte sich und tat am Abend so, wie ihm das Mädchen geraten hatte. Als am nächsten Tage in der Frühe die böse Urme die Milch sah, sagte sie: »Auch die zweite Arbeit ist dir gelungen. Jetzt kommt die dritte: Du mußt mir den Ring, den ich einst in den Brunnen habe fallen lassen, heraufholen und ihn unter dem runden Spiegel im großen Zimmer aufhängen. Wenn du dies bis zum Abend nicht zustande bringst, so lasse ich dich von meinem Sohne zerreißen. Menschenfleisch wird ihm gar gut bekommen, denn übermorgen soll er das Mädchen, dem du diese Speisen in den Keller tragen sollst, heiraten.«

Der Jüngling stieg darauf in den Keller hinab und erzählte dem Mädchen, was ihm die Urme gesagt hatte. Das Mädchen sprach: »Fürchte dich nicht, denn du hast dich in der Milch gebadet. Das Wasser im Brunnen ist siedend heiß, aber du wirst nun nicht verbrennen. Doch was soll ich Arme anfangen? Ich muß die Frau des Drachen werden. O könnte ich nur diese Ketten sprengen, dann wäre uns geholfen!«

Da bestrich der Jüngling die Fesseln mit der Salbe, die er von der guten Urme erhalten hatte, und das Mädchen sprang frei aus der Ecke hervor, umarmte den Jüngling und sprach: »Heute nacht erwarte ich dich im Stall, und dann wollen wir beide fliehen.«

Der Jüngling ging nun zum Brunnen, tauchte unter das Wasser und holte den Ring herauf. Er eilte darauf ins Zimmer und hing den Ring unter dem runden Spiegel auf. Da hörte er eine Stimme rufen: »Du bist ein schöner Jüngling, du bist ein schöner Jüngling, du bist ein schöner Jüngling! Sieh dich nur im Spiegel an!«

Doch der Hirt entfernte sich rasch aus dem Zimmer und eilte zur bösen Urme in die Küche, wo dieselbe am Herde stand und einen Brei kochte. Als nun der Jüngling ihr sagte, daß er den Ring aus dem Brunnen heraufgeholt und unter dem runden Spiegel aufgehängt habe, da sagte sie ganz erfreut: »Du bist wert, mein Mann zu werden! Ich will mich nun wieder in ein Weib verwandeln, wie es kein schöneres auf Erden gibt. Doch mußt du mich mit diesem Messer zerstückeln und die Stücke meines Leibes in diesem Kessel kochen. Dann steige ich als das schönste Weib der Erde aus dem Kessel hervor, und wir werden dann glücklich und zufrieden miteinander leben.«

Der Jüngling ergriff das Messer und zerstückelte die böse Urme, doch die Stücke ihres Leibes warf er nicht in den Kessel, sondern trug sie hinaus zum Brunnen und warf sie in das Wasser. Da krachte und donnerte es in der Luft; die ganze Burg verschwand, und neben ihm stand das schöne Mädchen und sagte: »Wir sind nun von der bösen Urme befreit, denn das Wasser hat sie vernichtet. Aber bald kommt ihr Sohn, der Drache nach Hause, dann sind wir verloren, wenn er uns hier findet. Doch laß uns diese in Steine verwandelten Menschen, die durch den Spiegel verunglückt sind, auch erlösen.«

Darauf riß sich die Maid einige Haare heraus, ließ sie im Winde fliegen und sprach:

»Die in Stein verwandelt sind:
Tier und Mensch und Menschenkind,
Alles komme her geschwind!«

Da verwandelten sich alle Steine in Menschen und Tiere, die vor Freude wie toll um das schöne Mädchen herumtanzten. Endlich rief das Mädchen: »Denkt an den Drachen, der bald nach Hause kommt und uns vernichten wird!«

Da trat ein alter Mann hervor und sagte: »Ich war ein berühmter Zauberer, bevor ich zu dieser Urme kam, die mich in einen Stein verwandelte. Vorgestern warf die Urme die abgeschnittenen Haare ihres Sohnes, des Drachen, hinaus ins Freie, und sie liegen noch immer an der Stelle, wo ich als Stein gelegen habe. Wir wollen diese Haare verbrennen und die Asche verzehren; dann kann uns der Drache nichts anhaben.«

Er suchte die Drachenhaare zusammen und verbrannte sie zu Asche. Dann sagte er: »Bevor ihr von dieser Asche eßt und sie schluckt, denke sich jeder den Ort, wohin er möchte, und wenn ihr dann die Asche geschluckt habt, so werdet ihr euch gleich darauf an dem Orte befinden.«

Da sagte der junge Hirt zum Mädchen: »Lebe wohl! Du wirst nun zu deiner Mutter, der guten Urme, gehen wollen, ich aber werde weiter in die Welt ziehen, denn ich habe keine Heimat mehr!«

Darauf begann das Mädchen zu weinen und bat den Jüngling, mit ihr zusammen zu ihrer Mutter zu kommen. Nun aßen sie alle von der Asche, schluckten sie und husch! Jeder war dort, wohin er sich gewünscht hatte. Wie freute sich die gute Urme, als der Hirt mit ihrer Tochter ins Zimmer trat! Bald darauf heirateten der junge Hirt und das schöne Mädchen, und nun lebten sie glücklich und zufrieden miteinander.

[Zigeunermärchen]

Die zwei Brüder

≡‖≡‖≡‖≡

Es war einmal, ich weiß nicht wo, da, wo sie das Eis dörren, dem Sperling Hufeisen anschmieden; wir wollen mal tüchtig lügen, wenn's geht.

Es waren auf der Welt zwei Brüder, die zogen aus, sich in der weiten Welt umzuschauen. Da kamen sie an einen Ort, dort teilte sich der Weg. Da sprach der Ältere:

»Du, mein Bruder, wandere auf diesem und ich auf jenem, und heute über ein Jahr, einen Monat und einen Tag kehren wir hierher zurück.«

Dann zog er sein Messer aus seinem Stiefelschaft und stieß es ganz in die Erde.

»Wer zuerst sich hier einfindet, der ziehe es heraus! Wenn Blut aus ihm rinnt, so bedeutet es, daß der andere gestorben ist; wenn aber Milch, so ist er noch am Leben.«

Sie umarmten sich, weinten auch ein bißchen, aber dann zogen sie von dannen, jeder auf seiner Straße.

Der Ältere, Hans, gelangte in einen großen Wald. Da springt ein Bär heran und leckt ihm die Hände. Hans wundert sich, was das bedeuten mag. Dann gehen sie wieder weiter. Kommt ein schöner Löwe; der wedelt auch mit dem Schweif und folgt ihnen. Dann ist auf einmal auch ein Wolf da, und alle drei bieten ihm an, ihm in allen Nöten beizustehen, er möge nur ihr Herr sein.

Nach einiger Zeit gelangten sie in eine Stadt, die war über und über mit schwarzem Tuch überzogen, und sie hieß »die schwarze Stadt«. Sie setzten sich am Rande auf einen Stein nieder; denn sie waren sehr müde. Da hörten sie plötzlich in der ganzen Stadt lautes Wehklagen. Da kommt eine alte Frau einher. Hans fragt sie, warum diese Stadt in Trauer sei und weshalb sie weinen.

»Ach Gott«, antwortet die alte Frau, »die ganze Stadt hat einen einzigen Brunnen, und in dem wohnt ein schrecklicher Drache, der jeden Monat eine Jungfrau frißt, und wenn sie ihm die nicht hinabwerfen, so muß die Stadt zugrunde gehen ohne Wasser; denn er gibt nicht einen Tropfen her. Und jetzt ist die Reihe gerade an die Tochter des Königs gekommen. Morgen muß sie zu ihm gehen, und dann ist kein einziges Mädchen mehr in der ganzen Stadt.«

Hans dankte ihr für die Auskunft. Dann ging er geradewegs zum König. Aber sie wollten ihn mit den wilden Tieren nicht einlassen, doch diese blieben überall Hans zur Seite.

Der König wehklagte in einem Winkel der Burg. Hans grüßte ihn und sagte dem König, er solle nicht weinen, er würde die Stadt befreien. Der König fiel ihm um den Hals, als er das vernahm, und versprach sogleich, ihm seine Tochter und sein halbes Königreich zu geben.

Hans ging zum Brunnen und wartete, bis das Wasser trübe wurde; da ließ er den Eimer hinunter und begann, das Wasser zu schöpfen.

Ganz wütend steckte der Drache seine Köpfe heraus. Er glaubte, daß sie ihm das Mädchen schon heruntergelassen hatten. Aber Hans erschrak kein bißchen, sondern warf einen großen Stein in den Brunnen. Der Drache sah, daß man ihn zum Besten hatte; er brüllte laut und stürzte nach oben, auf daß er alles verschlinge. Hans war auch nicht faul: Er zog sein Schwert und schlug ihm zwei Köpfe auf einmal ab; aber es blieben ihm noch fünf. Auf ihn sprang der Löwe und riß drei herunter. Auf ihn sprang der Bär und schlug mit seinen Tatzen zwei ab; für den Wolf blieb nichts übrig; aber er zerrte ihn hin und her, daß er auch seinen Teil daran habe. Hans jedoch schnitt ein kleines Stück von den Zungen aller sieben Köpfe ab und steckte sie in seine Tasche; dann ging er beiseite, um sich auszuruhen. Darauf sprang der rote Ritter, der von einem Weidenbaume neben dem Brunnen der Sache zugeschaut hatte, geschwind hernieder: Er schnitt auch ein Stück von den Zungen ab und ging zum König und sagte, daß er den Drachen getötet habe. Der König glaubte das, und sogleich wurde die Hochzeit gefeiert.

Nach einer guten Weile erwachte Hans und hörte, daß überall Musik erklang. Er fragte eine alte Frau, warum sie Musik machen.

»Weil des Königs Tochter Hochzeit hält mit dem, der den Drachen tötete«, sagte sie.

»Ei«, dachte Hans, »mit mir aber nicht, und doch habe ich den Drachen getötet!«

Er sandte den Löwen aus, daß er sähe, was an der Sache sei. Wie der sich unter das Volk mischte, da rollten unter dem roten Ritter, der auf neun Kissen saß, sogleich drei fort. Vergebens schrie er, sie sollten dieses garstige Tier fortjagen. Die Königstochter jedoch hing ihm einen Kober um den Hals, mit allerlei Backwerk gefüllt, und entließ ihn dann. Auf dem Wege ärgerten ihn die Hunde, und ein Kuchen rollte heraus; er faßte ihn, legte ihn hin und jagte ihnen nach. Die er erreichen konnte, zerriß er; dann kehrte er zu seinem Herrn zurück.

Nach drei Stunden wiederum sandte er den Wolf aus. Unter dem roten Ritter rollten drei Kissen fort. Der Wolf nahm einen Kuchen; aber die Hunde nahmen ihm alles fort. Nach drei Stunden schmückte sich Hans und machte sich selbst auf den Weg mit den Tieren.

Als sie in das Schloß kamen, rollten unter dem roten Ritter die drei letzten Kissen fort, und er blieb auf dem bloßen Holz. Jetzt wies auch Hans die Zunge vor. Seine war gerade von der Spitze. Den roten Ritter zerrissen die Tiere. Hans wurde der Königstochter Gemahl. In siebenmal sieben Königreichen erscholl die Kunde von der Hochzeit.

Unterdessen war ein Jahr, ein Monat und ein Tag verflossen. Hans nahm Abschied von seiner Gemahlin, um seinen Bruder aufzusuchen. Nach langer Zeit kam er zu dem Grenzweg; er beschaute das Messer; siehe, da rann Blut von ihm herab.

»Ach, mein armer Bruder! Er ist tot!«

Er zog auf dessen Straße, da kam er in einen großen Wald. Von weitem sah er ein Licht und ging darauf zu. Dort war ein Haus, niemand darin, neben dem Feuer niemand, niemand irgendwo.

»Was mag das sein?« fragte Hans und ließ sich am Feuer nieder, um sich zu wärmen. Auf einmal hörte er: »Hu, mich friert!« Er blickte in die Höhe auf den Baum; dort hockte ein altes Weib.

»Steige herab, Großmutter!«

»Ich wage es nicht, mein Sohn, wegen der Tiere; doch wenn du sie und dich selbst mit diesem Haar schlägst, dann steige ich herab.«

Hans tat, als ob er ihrem Wort folgte; aber er warf das Haar weg. Kam die alte Hexe herab und wollte ihn geschwind mit einer Rute anrühren; doch Hans schlug sie ihr aus der Hand. Sogleich sah die alte Hexe, daß er sich selbst nicht geschlagen hatte; denn sonst wäre er jetzt im Augenblick ein Sohn des Todes gewesen; aber so geschah ihm gar nichts zu Leide.

»Nun, du alte Hexe, gib meinen Bruder heraus; denn ich weiß, daß du ihn getötet hast.«

Da erschrak die Hexe furchtbar und führte ihn zu einem Teich, der war voll mit Knochen und Schädeln. Daraus suchte sie einen Schädel und Knochen heraus und sagte zu Hans, daß unter dem Balken im Hause eine Rute sich befände, wenn er mit der das Gebein berühre, werde es sofort lebendig.

Mehr brauchte er nicht! Er ließ die Hexe zerreißen und ging ins Haus. Aber da fand er nichts!

Jetzt reute es ihn, daß er die Hexe hatte zerreißen lassen. Was war da zu machen? Er sandte die Tiere aus nach dem Blutkraut und dem Eisenkraut, durch das man lebendig wird.

Der Löwe erblickte zuerst eine kleine Schlange.

»Was trägst du, kleine Schlange?«

»Lebenskraut! Ein halbes Jahr ist's, daß ich es suche. Meinen Sohn hat der Himmelsbalken erschlagen, den will ich auferwecken.«

»Gib mir auch davon!«

»Ich gebe dir nichts.«

Da entschloß sich der Löwe und nahm ihr alles fort, lief damit zurück und berührte das Gebein. Nun wurde er hundertmal schöner, als er vordem gewesen war.

»Ach, wie lange habe ich geschlafen!«

»Du hättest in alle Ewigkeit geschlafen, Bruder, wenn ich dich nicht erweckt hätte.«

Sie gingen mit großer Freude heim. Der alte König war gestorben und hatte ihnen das Reich hinterlassen. Hans suchte für seinen Bruder eine sehr schöne Prinzessin. Sie hielten eine große Hochzeit. Sie schwitzten Talg, und damit illuminierten sie. Die Donau und die Theiss waren hinter der Tür in einen Sack gebunden. Die Prinzessin tanzte sehr feurig und durchstieß den Sack mit ihren Pantöffelchen, und das Wasser schwemmte sie alle fort.

Punktum; zu Ende ist's.

[Ungarisches Märchen]

Das Heimtier

≡III≡III≡III≡

Eines frühen Morgens ging die junge Frau des Schäfers mit ihm hinaus auf den Weideanger und trug ihr kleines Kindchen auf dem Arm. Sie begleitete ihren Mann aber, um ihn zu trösten und zu beruhigen, denn er war heute ganz besonders unwirsch über das ärmliche Leben, das sie führen mußten, und hatte ihr die halbe Nacht hindurch vorgeredet, was wohl aus dem kleinen Söhnchen einmal werden solle. Das Kind liebte er mehr als sein Leben und hätte gern alles dafür getan, daß es in der Welt vorankomme, aber er wußte nie, wie er das zu machen hatte, und vergrämte sich schier vor Sorgen.

Als sie nun mit der Herde an den Weideanger kamen, streckte der kleine Junge lautjauchzend seine Händchen nach etwas Glänzendem aus, und wie sie näher zusahen, waren es zwei Schafe mit goldener Wolle, die eben in eiliger Flucht zwischen den benachbarten Steinblöcken und Bäumen verschwanden. Der Schäfer übergab die Herde samt dem Hunde seiner Frau zur Obhut und folgte der Spur der entflohenen Goldtiere. An der Waldecke blickte er noch einmal zurück und sah, wie ihm sein Junge mit erhobenen Ärmchen nachwinkte.

Dann ging er rüstig voran durch Dickicht und Geröll, bis er an den Eingang einer finsteren, schrecklichen Höhle kam, in die er entschlossen hineintrat. Lange Zeit, wie lange wußte er selbst nicht, tastete er im Dunkeln an den Wänden hin, bis es endlich heller wurde. Voll Staunen sah er sich in einer prachtvollen gewölbten Halle von fast unabsehbarer Ausdehnung, dann kam ein herrlich geschmückter

Saal, und noch einer und noch einer und immer so fort, daß er am Ende die Zahl der Säle gar nicht mehr wußte. Viele, viele Stunden glaubte er schon gewandert zu sein, und da legte er sich vor Müdigkeit und Erschöpfung nieder und schlief ein.

Als er erwachte, lag sein Haupt im Schoße eines wunderschönen Weibes. Die sah ihn an mit Augen so tief wie das Meer und strich ihm mit ihren weißen Händen zärtlich über das Haar. »Nun bist du endlich zu mir gekommen«, sprach sie, »ich habe schon so lange auf dich gewartet. Nun mußt du auch bei mir bleiben immerdar, und ich will ganz dir gehören. Aber du mußt auch mir gehören ganz und gar, gib mir deine Seele, gib mir deine Seele!«

Den Schäfer überlief es glühendheiß und eiskalt. Er blickte sie an und sah, wie wonnesam und herrlich sie war. Er schloß die Augen, und da stand seine junge Frau auf dem Weideanger, wo er sie zuletzt gesehen, und sein kleiner Knabe, der die Ärmchen nach ihm streckte. »Nein«, schrie er, »ich kann dir nicht gehören.«

»Du willst nicht«, sagte die Elfin, »schau her, was mit jenen geschieht, denen du zu gehören meinst.«

Da öffnete sich in der Wand ein weiter Spalt, und voll Schrecken erblickte er, wie sich ein Rudel Wölfe auf seine Herde geworfen hatte und der stärkste Wolf, der eben den treuen Hund zerfleischt hatte, im Begriffe stand, sich auf den kleinen Knaben zu stürzen. »Ich will ihn retten«, raunte ihm die Elfin ins Ohr, »aber gib mir deine Seele.« Dem Schäfer schwindelte der Kopf, und sein ganzer Leib zitterte wie Espenlaub. »Nein«, rief er mit letzter Kraft und sank betäubt zu Boden.

Ein dumpfes, fernes Rauschen weckte ihn auf, und er versuchte sich zu erheben. Aber das ging nicht so leicht, seine Glieder, sonst so geschmeidig und kräftig, kamen ihm viel steifer vor. Mühsam kam er die Wand entlang und sah sich vor einem großen Spiegel, der ihm sein Bild zurückwarf.

Da war ihm ein mächtiger Bart gewachsen bis über die Brust herab, und in seinem Gesicht sah er Runzeln und Furchen, die sonst nicht darin gewesen waren. Er drehte sich um, da lag die Elfin zu seinen Füßen und umschlang sie. »Gib mir deine Seele, ich muß eine Seele haben von deiner Art.«

Er konnte nicht sprechen und schüttelte bloß das Haupt. »Sieh hier«, fuhr sie fort, »deinen Sohn in Gefahr; ich habe ihn damals gerettet, jetzt will er über den Abgrund springen, aber er wird hinunterstürzen und drunten an den Felsblöcken zerschellen. Ich will ihn retten, den stattlichen großen Jungen, aber du kennst die Bedingung.«

»O Gott«, seufzte der Schäfer, »wo ist die Zeit geblieben«, als er statt seines kleinen Kindes seinen großen zwölfjährigen Sohn sah. Es war ihm, als krallte sich eine eiserne Hand um sein Herz.

»Hinweg, Versucherin«, ächzte er mit erlöschender Stimme, und wieder schwand sein Bewußtsein unter furchtbaren Schmerzen.

Als er von neuem erwachte und in den Spiegel schaute, war sein Bart grau geworden und sein Gesicht noch mehr gealtert. Die Elfin stand von ihm entfernt und blickte scheu und traurig herüber. »Es ist die höchste Zeit«, flüsterte sie, »schau hin, diesmal kann ich ihn nicht retten, und wenn ich mich selbst dafür hingeben wollte. Oben im Balkenloch sitzt das Heimtier, das ihn krank macht, und wenn das nicht getötet wird, so muß dein Sohn sterben bis zum nächsten Tage, und seine Mutter wird es auch nicht überleben.«

Der Schäfer blickte hinaus mit starren Augen. Da lag sein Sohn, ein zwanzigjähriger Jüngling, auf dem Krankenlager in der Fieberglut, und neben ihm lehnte die Mutter und rang verzweifelnd die Hände. Oben aber im Balkenloche saß das Heimtier, und niemand wußte es. »Gibt es keine Rettung?« fragte der Schäfer flehend.

»Du kennst sie, aber es soll ja nicht sein«, sagte sie leise, und ihre Gestalt wurde blaß und blässer, bis sie verschwand.

Wie ein Trunkener wankte der Schäfer fort, und es war ihm, als zöge ihn eine ungeheure Last immer wieder zu Boden. »Das sind meine gealterten Glieder«, sagte er vor sich, »aber ich will wandern und wandern mit letzter Kraft, vielleicht daß ich noch recht komme, und wenn nicht, so will ich wenigstens mit ihm zusammen sterben.« So schleppte er sich langsam weiter und kam endlich an das Höhlentor, durch welches er damals hineingegangen war. Noch ein paar Schritte weiter, und er stand mitten unter den Steinblöcken. Da war es ihm, als ob er sich auf einmal verjünge. Ein Hund bellte vom Weideanger. »Das ist ja grade, als ob das mein Packan wäre«, murmelte er, und als er mit Riesenschritten fortging zum Waldessaum, da stand vor ihm seine Frau und genau so, wie er sie verlassen hatte, und der kleine Junge, den sie trug, streckte ihm laut jauchzend die Ärmchen entgegen.

»Nun«, rief die Frau, als er näher herankam, »du bist ja bald schon zurück, ich dachte, du würdest den Goldtieren den halben Tag lang nachjagen, und da bist du schon wieder; bringst aber nichts Goldenes mit, sondern bloß ein verstörtes, verhetztes Gesicht.«

Der Schäfer setzte sich nieder und bebte am ganzen Leibe; der kleine Junge krabbelte an ihm empor und streichelte ihm die Backen und küßte ihn einmal über das andere Mal, die Frau aber sagte lachend: »Ich glaube, dir ist schwach geworden vor Hunger, wir wollen aus deinem Lederranzen unser Mittagbrot holen, das wird schön werden, wenn ich ihn aufmache.«

Wie sie den Ranzen nun öffnen wollte, kam ihr das aber sonderbar vor, denn er war so schwer und dick, daß sie ihn kaum handhaben konnte, und dachte, der Mann habe ihn voll Steine gestopft, um nach den Goldtieren zu werfen.

Als sie aber den Ranzen geöffnet hatte und der Inhalt zum Vorschein kam, war sie starr vor Staunen und Verwunderung. Steine kamen wohl heraus, aber Edelsteine und Karfunkelsteine von einer Menge und Größe und Schönheit, wie kaum ein König sie haben kann. »Mann«, brach sie los, »wo hast du, bei Gott, die Herrlichkeiten her«, und der Kleine kroch von des Vaters Schoß in den glänzenden Haufen und wühlte darin herum.

»Frau«, sagte der Mann, dem es gar glücklich ums Herz war, »ich habe wirklich Hunger und will dir das beim Essen erzählen.« Und er aß und erzählte und erzählte und aß, sie aber hörte nur zu mit weitgeöffneten Augen, bis er fertig war.

»Du hast geträumt«, rief sie, »aber du hast im Traum den herrlichen Schatz gefunden, und nun sind wir reiche Leute.«

»So wollen wir es gelten lassen«, meinte er, hatte aber doch sein heimliches Bedenken, und schon beim Nachhausewege mit dem wohlgepackten Ranzen schaute er um und um nach den Wölfen im Traum; es kamen aber keine und konnten auch fürder nicht mehr kommen, denn an dem Tage waren die Schafe zum letzten Male gehütet.

Nun kauften sie sich Ländereien und Waldungen und ein Schloß und hatten alles, was ein Mensch nur an Geld und Gut begehren kann. Der arme Schäfer, der nun ein großer reicher Herr geworden war, vergaß aber nie, wie Armut tut, und war ein Wohltäter aller Hilfsbedürftigen weit und breit. Er vergaß aber auch nicht, was er in der Felshöhle von der Zukunft seines Sohnes geschaut hatte, und wie er zwölf Jahre geworden, ließ er ihn nicht einen Augenblick mehr von sich und bewahrte ihn Tag und Nacht, daß die Frau das gar nicht begreifen konnte. Das Jahr ging vorüber, ohne daß etwas dem Jungen zugestoßen wäre, und noch ein Jahr und Jahre auf Jahre. Der kleine Junge war ein stattlicher Jüngling geworden, klug und bescheiden, tapfer und doch sanftmütig dabei, daß alle Menschen, vor allem aber die Eltern, ihre Freude an ihm hatten.

Eines Abends kam der Vater zurück von der Jagd, auf der er den ganzen Tag gewesen, da stürzte ihm im Schloßhof das Gesinde lautjammernd und händeringend entgegen, und als er die Treppe hinaufstieg, kam der gelehrte Heilmeister auf ihn zu und schüttelte traurig den Kopf. Der Vater eilte in das Zimmer, da lag sein Sohn fieberglühend und bewußtlos im Bett, die Mutter saß verzweifelt neben ihm.

Wie ein Blitz schoß es ihm durch den Kopf: Das ist das Heimtier, das konnte die Fee nicht töten. Und sprang hinauf auf das Krankenbett und stieß seinen Jagdspeer in das Balkenloch. Da tat es einen entsetzlichen Schlag, davon das Schloß in seinen Fugen bebte, dann klang eine wunderschöne liebliche Musik. Der Sohn saß kerngesund und frisch auf in seinem Bette und schaute unverwandt auf das schöne, junge Frauenbild, das auf einmal im Zimmer stand. »Ja, du bist es«, rief er, »die ich im Traum gesehen.« Und als der Vater sie ansah, glich sie aufs Haar der Elfin, nur sah sie noch viel jünger und schöner aus. »Nun«, sprach sie, »nun bekomme ich doch deine Seele und soll deine Tochter werden.« Da gab es Hochzeit und große Herrlichkeit und Freude.   [Märchen aus Ostpreußen]

Eine Geschichte aus der Römerzeit

≣ΙΙΙ≣ΙΙ≣ΙΙΙ≣

Vor alten Zeiten herrschte der Brauch, die bejahrten Leute zu erschlagen, weil man sie als unnütz ansah. Ein junger Mann vermochte es nicht über sich zu bringen, den eigenen Vater zu töten. Weil er sich aber vor den anderen fürchtete, verbarg er den Vater im Keller in einem leeren Faß. Dort speiste und tränkte er ihn heimlich, so daß keine Seele etwas von dem Geheimnis erfuhr.

Nun aber geschah mit einem Mal an alle streitbaren Männer des Volkes der Aufruf, sich zu rüsten und zum Kampfe auszuziehen wider ein mächtiges Ungeheuer, das von seiner Höhle rings umher Jammer und Elend verbreitete. Der fromme Sohn wußte nicht, wie er während seiner Abwesenheit für den eingekerkerten Vater sorgen solle, damit derselbe nicht vor Durst und Hunger umkomme. Er brachte ihm alles, was noch an Lebensmitteln im Hause war und klagte ihm seine Not, daß er vielleicht nicht wiederkehren werde und daß dann sein geliebter Vater elend ums Leben komme müsse.

Der Alte gab zur Antwort: »Kehrst du von diesem Zuge nicht zurück, so übergebe ich gern meinen schwachen Lebensrest dem Tode. Damit ihr aber bei dem Kampfe mit dem Ungeheuer nicht ums Leben kommt, so höre meinen Rat, er wird euch von Nutzen sein. Die Höhle, welche das Untier bewohnt, hat unter der Erde hundert und aberhundert Winkel und Gänge, die kreuz und quer laufen, so daß ihr, wenn ihr auch den Feind erschlaget, doch den Ausgang nimmermehr finden und elend verschmachten werdet. Nimm darum unsere schwarze Stute, die mit einem Füllen auf der Weide geht, und führe sie beide mit dir vor die Höhle. Dort schlachte und begrabe das Füllen, die Mutter aber nimm in die Höhle mit, sie wird euch, wenn ihr den Kampf glücklich bestanden habt, wohlbehalten wieder ans Tageslicht bringen.«

Nachdem der Alte so gesprochen hatte, nahm der Sohn unter Tränen Abschied und zog mit den andern Männern von dannen. Vor der Höhle tat er mit dem Füllen nach seines Vaters Geheiß, ohne jedoch den andern zu sagen, was er damit beabsichtige.

Das Untier in der Höhle war endlich nach hartem Kampfe getötet, aber Schrecken verbreitete sich unter den Kämpfern, als sie wahrnahmen, daß trotz allem Suchen kein Ausgang mehr zu finden sei. Da ging jener mit seinem schwarzen Pferde voran und forderte die andern auf, ihm zu folgen. Die Stute begann nach ihrem Füllen zu wiehern und zu suchen, war auch bald auf dem rechten Weg und kam an den Ausgang der Höhle. Als die Männer sahen, daß sie durch die List ihres Kampfbruders dem unvermeidlichen Tod entronnen waren, wollten sie auch von ihm wissen, wie er auf diesen glücklichen Einfall gekommen sei. Den Gefragten überfiel jetzt die Furcht, es möchte, wenn er die Wahrheit sage, um ihn und seinen Vater geschehen sein. Als sie ihm aber alle versprochen und geschworen hatten, ihm kein Leid anzutun, so erzählte er frei, wie er seinen alten Vater im Keller am Leben erhalten und dieser, als ein alter, erfahrener Mann, ihm beim Abschiede den Rat mit der Stute gegeben habe.

Hierüber waren sie alle sehr erstaunt, und einer unter ihnen rief: »Unsere Vorfahren haben nicht gut getan, daß sie uns lehrten, die Alten zu erschlagen, denn diese sind erfahrener und können oft durch ihren guten Rat dem Volke nützen, wo sich die Kraft unseres Armes vergebens erschöpft.« Alle gaben dieser Rede Beifall, und die grausame Sitte, welche die Tötung der Alten verlangte, ward aufgehoben.

[Walachisches Märchen]

Die Geschichte vom Eseltreiber
und dem Löwen

≡ǁ≡ǁǁ≡ǁǁ≡

Es war einmal ein Eseltreiber, der reiste nach dem Westen
mit Kamelen, die er hatte. Er war sehr mutig, er reiste stets
allein. Er kam in eine Schlucht; daselbst fand er einen Löwen am Boden ruhend; der war krank, einer seiner Füße
hing schlapp herunter. Der Eseltreiber trat auf den Löwen
zu und sah ihn sich an. Als er den Löwen betrachtete,
streckte ihm dieser seinen Fuß hin. »Was fehlt dir?« fragte
der Eseltreiber.
Der Löwe erwiderte: »In meinen Fuß ist ein Dorn einge-
drungen.«
Der Eseltreiber sprach: »Reich mir deinen Fuß her, damit
ich ihn ordentlich betrachten kann!«
»Da, nimm ihn!« sprach der Löwe und streckte ihm den
Fuß hin.
Der Mann sah ihn sich an und fand, daß ein Dorn in ihm
steckte. Er zog den Dorn heraus, und sobald er ihn heraus-
gezogen hatte, flossen Blut und Eiter aus der Stelle, wo der
Dorn gesteckt hatte. Er preßte ihm die Wunde aus und
räucherte sie aus und umband die Stelle. Dann holte er für
den Löwen das hervor, was er für sich zum Abendbrot
bestimmt hatte, stellte es vor ihm hin, und der Löwe aß zu
Abend.
»Laß dir's weiter wohlergehen!« sprach hierauf der Mann
zum Löwen; »ich werde jetzt fortgehen.«
»Zieh hin in Frieden!« rief ihm der Löwe zu.
Der Eseltreiber reiste nun allein weiter und gelangte nach
dem Westen [d. h. nach Marokko], wo er seine Waren ver-
kaufte. Dann trat er auf demselben Wege die Heimkehr an.

Als er nach der Schlucht gelangte, in der er den kranken Löwen gefunden hatte, da sah ihn jener Löwe und kam vom Berge herab und brüllte. Der Eseltreiber sprach zu ihm: »Was ist mit dir? Erkennst du mich denn nicht? Bin ich nicht der, welcher dich einst geheilt hat?«

Der Löwe erwiderte: »Du bist's, mein Freund?«

»Ja, ich bin's!«

Da sprach der Löwe: »Auf, komm mit mir zum Berge hinan, auf dem ich hause! Da will ich dich für deine Gefälligkeit belohnen, die du mir gegenüber zeigtest!«

»Gut!« versetzte der Mann. Nun stiegen der Eseltreiber und der Löwe den Berg empor. Daselbst fand der Erstere eine Höhle; die war angefüllt mit den Kleidern, den Waffen und dem Gelde der Leute, die der Löwe getötet hatte.

»Hol jetzt deine Kamele her!« begann der Löwe, »und belade sie mit den Gewändern hier, diesen Waffen und diesem Gelde. Dies soll ein Geschenk für dich von mir dafür sein, daß du mir meinen Fuß geheilt hast!«

Der Eseltreiber holte seine Kamele herbei und lud ihnen alle diese Dinge auf. Dann verließ er den Löwen. Der Löwe geleitete ihn noch bis zum Ausgang der Schlucht. Dann kehrte der Eseltreiber zu seiner Familie heim – als reicher Mann; er brauchte nicht mehr zu reisen.

[Märchen der Berber]

Die vier Brüder

≡‖≡‖≡‖≡

Viele Mitglieder des Stammes waren krank geworden, und viele starben. Da machten sich vier Brüder aus dem Stamm auf, um bei dem alten, in der Einsamkeit lebenden Mann Hilfe zu holen. Nach langer Wanderung kamen sie dort an. Der alte Mann hieß sie willkommen und fragte: »Was wollt ihr von mir?«

Der zweitälteste Bruder antwortete: »Ich möchte groß werden. Ich möchte der Größte auf der Welt sein.« Da verwandelte ihn der alte Mann in einen Baum.

»Und was möchtest du?« fragte er den drittältesten der Brüder.

»Ich möchte stark werden. Ich möchte der Stärkste auf der Welt sein.« Da verwandelte der alte Mann ihn in einen Stein.

»Und was möchtest du?« fragte er den jüngsten der Brüder.

Der Jüngste antwortete: »Ich möchte das, was mein ältester Bruder für mich für richtig hält.«

»Und du, was möchtest du?« fragte der alte Mann schließlich den ältesten der Brüder.

Dieser antwortete: »Ich möchte lernen, zu heilen, denn mein Volk ist sehr krank, und ich möchte ihm helfen.«

Der alte Mann sagte: »Meine Tochter wird dir zehn Tage lang die Pflanzen und ihre Heilkräfte zeigen und erklären. Lerne von ihr. Nach diesen zehn Tagen, aber nicht früher, schlafe mit ihr, und nimm sie zur Frau.«

Und so geschah es. Die Tochter des alten Mannes ging mit dem ältesten der Brüder durch die Wälder und Wiesen und

zeigte ihm die verschiedenen Heilpflanzen und ihre An-
wendung. Nach einigen Tagen aber erwachte in ihm die
Begierde, mit ihr zu schlafen. Und obwohl der Jüngste ihn
warnte und zurückzuhalten suchte, schlich er sich in der
neunten Nacht hinüber in ihr Zelt und schlief mit ihr.

Am nächsten Morgen war sie verschwunden. Die beiden
Brüder suchten überall nach ihr, vergebens, sie konnten sie
nirgendwo finden. Schließlich gingen sie zum alten Mann
und erzählten ihm, was vorgefallen war. Sie baten um Ver-
zeihung und daß er ihnen seine Tochter zurückgeben
möge.

Der alte Mann sagte: »Nehmt euren Bruder, den Baum,
und euren Bruder, den Stein, und kehrt zu eurem Volk
zurück. Aus dem Baum macht ein Feuer, und legt den
Stein hinein. Wenn der Stein heiß ist, legt ihn in ein kleines,
mit Fellen abgedichtetes Zelt, in welchem ihr Menschen
sitzt. Wenn ihr dies tut, wird mein Geist bei euch sein und
darüber wachen, daß ihr aufrichtig seid.«

So wurde den Menschen die Schwitzhütte gegeben.

[Märchen der Salish-Indianer Nordamerikas]

Vikramâditja besteigt als Bettler den Thron

≡III≡III≡III≡

Während König Vikramâditja sein ganzes Volk fortwäh-
rend beglückte, war ein anderer mächtiger König zum
Nirvâna eingegangen. Weil kein Sprößling vorhanden war,
um seinen Thron zu besteigen, so wählte man einen Jüngling aus dem Volk und setzte ihn als König ein. Weil nun
aber, wenn einer einen Tag regiert hatte, derselbe jedesmal
in der Nacht starb, so machte der hochheilige König Vikramâditja, als er den fortwährenden Kummer und das
Leiden des zahlreichen Volkes erfuhr, von Schalû begleitet, in Bettlergestalt sich auf den Weg, um dem Volke Rettung zu bringen. Als er bei seiner Ankunft in ein Haus
eintrat, fand er einen Greis mit seiner betagten Frau, welche, für einen schönen Jüngling einen Thron zurecht
machend und ihm alle Ehre erweisend, voll Betrübnis da-
saßen. »Worüber seid ihr betrübt?« fragte er sie.
»Unser König«, antworteten sie, »ist verschieden; und da
er ohne Nachkommen ist und auch die edlen Jünglinge
unseres Volkes bereits ausgegangen sind, so trifft unsern
einzigen Sohn das Los, heute den Thron zu besteigen, und
so wird er in der Nacht sterben müssen. Deswegen sind
wir betrübt.«
Vikramâditja sprach: »Da für uns zwei Bettler der Tod
gleichgültig ist, so wollen wir um deines Sohnes willen
vierundzwanzig Stunden lang König werden und dann
sterben.«
Da versetzte der Greis: »Wir können darüber nicht entscheiden; drei mit der Bestimmung der hierbei zu beob-
achtenden Reihenfolge beauftragte einsichtsvolle Minister

haben darüber zu entscheiden. Ich will es zu ihrer Kenntnis bringen.«

Darauf begab er sich zu den drei weisen Ministern, und als er ihnen den Vorschlag der beiden Bettler genau mitteilte, sprachen die Minister: »Wenn die Bettler sterben zu wollen erklären, wenn sie auch nur für einen Tag König gewesen, so haben sie ganz recht, führe sie her.«

Nachdem sie erschienen waren und man sie auf den Thron gesetzt hatte, machten die Minister dem zahlreichen Volke bei dessen Auseinandergehen folgendes bekannt: »Bisher haben wir gewöhnlich jeden Tag *eines* Königs Gebeine bestattet; weil wir morgen früh die Gebeine von zwei Königen werden bestatten müssen, so versammelt euch recht früh.«

Damit ging das Volk auseinander. Nachdem der König Vikramâditja den Thron bestiegen hatte und die Sache sorgfältig prüfte und untersuchte, fand er, daß die Großkönige von früher den Himmelsgöttern und den Herrschern der Erde und des Wassers sowie den acht Abteilungen der Geister jede Nacht ein geheimnisvolles Opfer darzubringen pflegten; die folgenden Könige aber (weil sie die Opfer unterließen), erkannte er, hatten diese Geister getötet. Der hochheilige heldenmütige König Vikramâditja setzte nun aus dem Schatze des Königs die unumgänglich nötigen Opfer in Bereitschaft, rief die Geister zusammen und brachte ihnen die Gaben dar. Die Götter freuten sich ungemein, errichteten ein kostbares mongolisches Zelt, das sie ihm übergaben, und kehrten dann zurück.

Als den andern Tag in der Frühe zahlreiches Volk mit Holz und Brennmaterialien, um die Gebeine des Königs zu bestatten, zusammenkam, waren die beiden natürlich nicht gestorben; die drei Minister an der Spitze und das hohe und niedere Volk beschenkte und belohnte der König mit dem Edelstein Dsching bis zur Genüge. Das gesamte Volk berief die Geistlichkeit, sprach öffentliche Segenswünsche aus und bezeigte dem Vikramâditja seine Verehrung, wobei es ihn den vom Schicksal bestimmten hochheiligen König nannte. Dann ging alles auseinander.

[Mongolisches Märchen]

Der Schwertmeister

Als Bokuden, der Schwertmeister, einmal mit einer Anzahl Mitreisender in einem Ruderboot über den Biwa-See fuhr, befand sich unter diesen ein wild dareinschauender Samurai, grimmig und hochmütig in jeder Weise. Der prahlte mit seiner Gewandtheit in der Schwertkunst und erklärte sich für den besten Meister in ihr. Die Mitreisenden lauschten begierig seinen ruhmredigen Worten, aber Bokuden träumte vor sich hin, als hörte er nichts um sich her. Das reizte den Bramarbas gar sehr. Er trat auf Bokuden zu, stieß ihn an und sagte: »Ihr tragt ja auch zwei Schwerter, warum sagt Ihr kein Wort?«

Bokuden antwortete ganz ruhig: »Meine Kunst ist nicht die Eure, sie besteht darin, andere nicht zu besiegen, aber auch selber nicht besiegt zu werden.« Das war für jenen erst recht eine Herausforderung.

»Zu welcher Schule gehört Ihr denn?«

»Die meine heißt Mutekatsu-Schule« [das bedeutet »Ohne-Schwert-Schule«, womit gemeint ist, daß man den Gegner, ohne das Schwert zu berühren, besiegt].

»Wozu tragt Ihr dann selber ein Schwert?«

»Das Schwert bedeutet Selbstlosigkeit, nicht andere töten.«

Der Samurai geriet in eine grenzenlose Wut und rief mit brüllender Stimme: »Vermeßt Ihr Euch wirklich, ohne Schwert gegen mich zu kämpfen?«

»Warum nicht?« erwiderte Bokuden.

Der Bramarbas schrie nun dem Bootsmann zu, er solle ans nächste Ufer fahren. Allein Bokuden riet, man steure bes-

ser zu einer etwas entfernteren Insel, denn am Ufer könnten Leute zusammenlaufen und in Mitleidenschaft gezogen werden. Der Samurai war es zufrieden. Das Schiff
hielt also auf eine öde Insel zu, die nicht gar zu weit ablag.
Sowie es sich dem Strande näherte, sprang der Samurai an
Land und zückte sein Schwert zum Kampf. Bokuden legte
behaglich sein Schwert ab und übergab es dem Bootsmann. Es sah so aus, als wollte er dem Samurai auf die Insel
folgen, da nahm er plötzlich dem Bootsmann das Ruder
fort, stemmte es gegen das Ufer und stieß das Boot ab.
Dieses entfernte sich ganz überraschend von der Insel und
trieb sicher im tieferen Wasser dem Samurai davon. Bokuden aber meinte lächelnd: »Das ist meine Ohne-Schwert-
Schule.«

[Japanisches Märchen]

Nachwort

≣ⅢI≣ⅡI≣ⅢI≣

Mann: »erwachsener männlicher Mensch. Zu unterschei-
den ist grundsätzlich zwischen dem Mann als Individuum
und der männlichen Geschlechtsrolle, durch die in der je-
weiligen Gesellschaft bestimmte Eigenschaften, Verhaltensweisen und Einstellungen als typisch männlich fest-
gelegt und tradiert werden... Im dialektischen Verhältnis
mit Vorstellungen über Weiblichkeit haben sich unter-
schiedliche Männerbilder, Auffassungen über Wesen und
Selbstverständnis des Mannes, entwickelt.« (Brockhaus
Enzyklopädie 1991)
Die gesellschaftlich bestimmten Vorstellungen über Wesen
und Selbstverständnis des Mannes sind, zumindest in den
westlichen Industriegesellschaften, in einem Prozeß der
Umorientierung begriffen; Walter Hollstein spricht gar
von einer »Befreiungsbewegung« von Männern. Dies zeigt
sich unter anderem in Männer-Seminaren und -Selbst-
erfahrungsgruppen und in sozialwissenschaftlichen und
psychologischen Veröffentlichungen.
Wie gehen Männer mit sich selbst, mit ihren Gefühlen und
ihrem Körper, mit Aggression und Macht um? Wie gestal-
ten sie ihre Beziehungen zu anderen Männern und
Frauen? Was haben Männer in der Vergangenheit auf der
Erde angerichtet? Der die Natur beherrschende, die Erde
sich untertan machende Mann hat die Welt an den Abgrund der atomaren Katastrophe gebracht und die Natur
ökologisch zerstört. Wie könnte eine andere, künftige
männliche Identität aussehen?
In den Märchen verschiedenster Kulturen werden be-

stimmte Männergestalten – Prinzen, Helden, Krieger, Könige, Häuptlinge, Väter, Aschenpütter, Schelme, Zauberer, weise Alte – beschrieben. Die vorliegende Sammlung enthält Märchen, in denen Männer geschildert werden, die auch ein anderes Bild als das des patriarchalischen Mannes verkörpern; diese Märchenhelden zeigen Eigenschaften, Verhaltensweisen und Einstellungen, die darüber hinausweisen. Märchen können so dazu beitragen, Einseitigkeiten im männlichen Rollenverständnis zu erkennen und das Festhalten an patriarchalischen Verhaltensweisen zu lockern.

Beim Veränderungsprozeß der Männer kann es nicht darum gehen, sich weibliche Qualitäten anzueignen, sondern vielmehr, sich umzuorientieren und zu besinnen auf Eigenschaften und Fähigkeiten, die Männer durchaus auch besitzen. Es geht darum, Gefühle zuzulassen. Auch Männer können weinen und tanzen, sich ihrer selbst-bewußt werden und sich auf lebensbejahende Weisen engagieren.

Weinende Männer

Der Mensch drückt Gefühle wie Trauer und Schmerz, aber auch Freude durch Weinen aus. In der Psychologie gilt Trauerarbeit als der natürliche psychische Prozeß, durch den der Mensch schmerzhafte Erfahrungen, wie etwa den Verlust eines geliebten Menschen oder das Erlebnis eines Scheiterns, verarbeitet. Aus diesem Prozeß des Trauerns geht »das Individuum verändert, das heißt gereift, mit einer größeren Fähigkeit, die Realität zu ertragen«, hervor, so Alexander und Margarete Mitscherlich.

In unserer Gesellschaft jedoch war Weinen für Männer bis in die jüngste Vergangenheit hinein verpönt; insbesondere im Nationalsozialismus wurde das Ideal des gefühlskalten, nur auf Leistung bezogenen Mannes (»hart wie

Kruppstahl«) propagiert. Weinen galt als Zeichen der Schwäche. Die Maxime »Ein Mann weint nicht!«, nach der Generationen von Männern erzogen wurden, hat in den vergangenen Jahrzehnten von seiner Absolutheit eingebüßt, dennoch sind Tränen für Männer auch heute noch keine Selbstverständlichkeit. Die durch dieses Verbot erzwungene Abwehr von Trauer und Schmerz führt zu psychischer Verhärtung, und Rigidität – zu den Eigenschaften also, die von Feministinnen und kritischen Männern als »typisch männlich« abgelehnt werden.

Märchen und Mythen verschiedenster Kulturen berichten von der Notwendigkeit der Trauer für den Veränderungsprozeß des Menschen. So auch schon im ältesten Epos, der Geschichte des ›Gilgamesch‹, des mächtigen sumerischen Königs: Dieser kennt zunächst keine menschliche Rücksichtnahme, er ist ein hartherziger Mann. Als das von ihm geknechtete Volk die Götter um Hilfe anfleht, schicken diese den behaarten Tier-Menschen *Enkidu* aus der Wildnis (›wilder Mann‹) zu ihm. Die beiden messen ihre Kräfte, lernen sich zu respektieren und werden unzertrennliche Freunde.

Als sie des furchtbaren *Chumbaba* ansichtig werden, erschrickt *Gilgamesch*, und »ihm quollen die Tränen in Strömen hervor«. Sieht er, wie Ingeborg Clarus interpretiert, in jenem bösen Riesen vielleicht etwas von seiner eigenen patriarchalisch-männlichen Gewalttätigkeit wieder, die er gegenüber seinen Untertanen so skrupellos ausgelebt hatte?

Als *Enkidu* stirbt, erhebt *Gilgamesch* eine bewegende Totenklage. Er ruft die Menschen, Berge, Flüsse und Wälder auf, über den Toten zu weinen (ähnlich wie später in der germanischen Sage alle Kreatur Baldurs Tod beweint). *Gilgamesch* trauert, und der wichtige Unterschied zwischen Trauer und Selbstmitleid wird hier deutlich: »Ich weine um dich, den persönlichen Freund, mit dem ich alles teilte und alles gemeinsam tat.« Er steht vor der ausweglosen Begrenzung seiner Macht durch den Tod.

Als seine Suche nach Unsterblichkeit fehlschlägt, da »setzte *Gilgamesch* weinend sich nieder«. Trauernd lernt er, seine menschliche Begrenztheit anzunehmen, wandelt er sich zum ›menschlichen Mann‹.

Auch *Odysseus* »saß am Gestade des Meeres und weinte beständig. / Ach! In Tränen verrann sein süßes Leben, voll Sehnsucht / Heimzukehren [...] zerquälte seine Herz mit Weinen und Seufzen und Jammern / Und durchschaute mit Tränen die große Wüste des Meeres.« Trauernd gewinnt er die Klarheit, daß er die ewig junge, ihn zu ewiger Jugend verlockende Göttin *Kalypso* verlassen will, um zur sterblichen, aber menschlichen *Penelope* zurückzukehren. Diese Tränen lösen einen Wandlungsprozeß aus, symbolisiert im Auftreten der ihm lange entschwundenen Schutzgöttin *Athene* und damit dem Einfall, ein Floß zu bauen, welches ihn schließlich in die Heimat trägt.

Eine tiefgehende Veränderung des Menschen beginnt also mit Trauerarbeit. Im Märchen wird der Held mit einer unlösbar erscheinenden Aufgabe konfrontiert. Entmutigt setzt er sich nieder und weint. Plötzlich tritt eine helfende Figur auf, deren Rat oder Beistand die Lösung der Aufgabe ermöglicht; so im malaiischen Märchen ›Serungal‹ [S. 32] und in dem russischen ›Der Kristallberg‹ [S. 20]

Männertränen fließen in zahlreichen Märchen; schon in *Herodots* Geschichte von ›Kambyses und Psammenit‹ [S. 9]. Im ›Rapunzel‹ der Brüder Grimm sticht dem Prinzen beim Sprung vom Turm ein Dorngestrüpp die Augen aus. Blind und unablässig weinend irrt er umher, bis er die Geliebte wiederfindet, deren Tränen seine Augen wieder heilen.

Das Indianermärchen ›Das Abenteuer im Fluß‹ [S. 24] berichtet von der Trauer um einen ertrunkenen Freund. Das

indonesische Märchen ›Die zwei Freunde‹ [S. 29] erzählt
von der tränenreichen Liebe zweier Männer zueinander.
Beeindruckend sind Märchen, in denen Männer über
Männergewalt trauern; so in ›Der Vogel Gkión‹ aus Griechenland [S. 11], das die Verwandlung eines trauernden
Brudermörders in einen Vogel schildert. Im Maori-Mär-
chen ›Mataora und Niwareka‹ [S. 12] bereut der Held
seine Gewalt gegen seine Frau und folgt ihr trauernd bis in
die Unterwelt.

Tanzende Männer

Der Tanz ist so alt wie der Mensch und dessen Verlangen,
sich unmittelbar, nämlich mit dem Körper, mitzuteilen; er
ist älter als die Sprache. Er ist elementar, es gibt kein Volk
ohne Musik und Tanz. Bei den Ägyptern bedeutete das
Wort für Tanz (Hbj) zugleich vergnügt sein, jubeln, begrü-
ßen, vor Freude hüpfen und bei den Griechen (choros)
zugleich Freude. Bei Naturvölkern werden zahlreiche hef-
tige Gemütserregungen durch den Tanz ausgedrückt. Für
alle Lebenssituationen gibt es zahllose Gebärden, die, ge-
steigert, zum Tanz werden. Er begleitet Geburt, Hochzeit
und Tod. Er wird bei der Heilung von Kranken eingesetzt,
eröffnet die Jagd und den Krieg, beschwört Naturgewal-
ten und böse Geister (Vgl. Petra Klein). Tanz ist ein
wesentlicher Bestandteil des Lebens. Die Tarahumara Me-
xikos hatten für Tanz und Arbeit dasselbe Wort. Er stiftet
Identität und Gemeinschaft. »Ich denke, also bin ich? Wir
in Afrika würden sagen: Wir tanzen, also sind wir.« (Mar-
cel Ntumba)
Im Tanz vermag der Mensch den Begrenzungen und
Zwängen des Alltags zu entrinnen. »Im Tanz kehrt der
Mensch heim zu seinem eigentlichen Wesen. Er befreit
sich von allen äußeren Einflüssen, wird ganz er selbst [...]
Tanzend erlebt er die Tiefe seines Ichs, verknüpft sein Le-

ben mit der Welt, dem All, der Gottheit. Tanzend fühlt er sich als Teil des Kosmos.« (Helmut Günther und Helmut Schäfer).

Nicht nur bei Naturvölkern ist der Tanz, auch wenn er nicht mit einem religiösen Fest verbunden ist, religiös. Tanz und Religion sind Teilnahme am Höheren, am Göttlichen, sie sind dasselbe. Im indischen Denken bestimmt *Shiva* als Herr des Tanzes den Rhythmus der Welt. Bei den *Sufis* durchzieht Musik die gesamte Schöpfung; sie ist es, die die tanzende Bewegung der Welt verursacht. Der Reigen ist eine Leiter zum Himmel; wer ihn tanzt, so *Rumi*, der »wohnt in Gott«. Der tanzende Grieche sah sich zur Linken von *Dionysos*, dem Rhythmiker, und zur Rechten von *Apoll*, dem Ordner und Taktgeber, begleitet.

Auch in der jüdisch-christlichen Tradition finden sich Tänze: *David* tanzte beim Einholen der Bundeslade; im frühen Christentum gab es Kreistänze (Orchesis); der Choral stammt von vorchristlichen Riten ab, in denen die Sänger sich langsam im Kreise bewegten. *Augustinus*: »Oh, Mensch, lerne tanzen, sonst wissen die Engel im Himmel nichts mit dir anzufangen.«

Im frühen Mittelalter lehnte die Kirche den sakralen Tanz wegen dessen Weltlichkeit ab ebenso wie die Tänze der Spielleute, Gaukler und des Volkes. Die Kirche sah hier eine »Verlockung zur Wollust«, sie betrachtete den Körper und seine Funktionen als böse. Dennoch konnte der Tanz nicht völlig eliminiert werden, wie etwa die um die Mitte des 14. Jahrhunderts ausgebrochene Tanzwut zeigt.

Seit dem 15. Jahrhundert trennten sich Volks- und (zunächst höfisch-aristokratischer) Gesellschaftstanz. Im Lauf des 20. Jahrhunderts wird letzter zunehmend zum Einzelpaar-Tanz und in der Neuzeit zum freien Einzeltanz. Auch beim Kunst-Tanz tritt neben den klassischen

Tanz wieder der freie oder Ausdruckstanz. In der Tanz-therapie wird Tanz zum Medium der Selbsterfahrung.

Die ursprüngliche Verknüpfung von Tanz mit Religion und Gefühlsausdruck, wie wir sie noch bei Naturvölkern finden, erfuhr in der westlichen Tradition einen Bruch. Während Kinder noch ganz natürlich und frei ihre Ge-fühle mit dem Körper ausdrücken, war dies in den vergangenen Jahrhunderten für den erwachsenen Mann nur noch bedingt möglich. Er hatte sich zu beherrschen und Haltung zu bewahren; das spontane Ausdrücken von Gefühlen galt als unmännlich. Bewegung wurde degradiert zum Mittel zum Zweck; der Körper wurde als ein Instrument angesehen.

Trotz dieser Abwertung gab es immer wieder Bereiche, in denen Männer tanzen durften: auf dem hohen künstlerischen Niveau des Kunst-Tanzes oder Balletts und innerhalb der festen Formen von Gesellschafts- und Volkstanz. In zahlreichen Kulturen gibt es ausgesprochene Männertänze, etwa in Schottland, Rußland und Griechenland; man denke nur an den unvergeßlichen Tanz des Alexis Sorbas.

Auch in Märchen wird von Männern getanzt. In ›Bruder Lustig‹ und ›Die zertanzten Schuhe‹ der Brüder Grimm sind es jedoch Tänze von Teufeln bzw. verwunschenen Prinzen, vermutlich ein Ausdruck der von der Kirche ausgehenden Ablehnung des Tanzes. Daneben gibt es aber auch in westlichen Ländern einige Märchen, in denen quicklebendige Männer ihre Lebensfreude tanzend zum Ausdruck bringen. So in der deutschen Überlieferung ›Der Doppelbuckel zu Calkaer‹ [S. 61] einer Variante von Grimms ›Die Geschenke des kleinen Volkes‹. Ähnlich in der antiken Geschichte ›Die Brautwerbung des Hippo-kleides‹ von *Herodot* [S. 58]. Im afrikanischen Märchen ›Der reiche und der arme Häuptling‹ [S. 49] ist das Märchenmotiv der »schwer zu erreichenden Kostbarkeit« eine

Trommel mit dem siebenfachen Klang, deren Klang so schön ist, daß jedermann tanzen muß, ob er will oder nicht.

Die rituell-religiöse Dimension des Tanzes wird in den Märchen des zweiten Kapitels deutlich, so in ›Der Rotwild-Tanz‹ aus Nordamerika [S. 39].

Männer mit innerer Kraft

Es gibt ein universales Märchensymbol, welches sich nur schwer in die modernen westlichen Sprachen übersetzen läßt, weil es dafür keine eindeutigen, auch keine wissenschaftlichen Begriffe gibt – im Unterschied zu fast allen anderen Kulturen: im Griechischen *pneuma*, im Sanskrit *prana*, in Polynesien *mana*, im Chinesischen *ch'i*, im Japanischen *ki*, bei den Lakota-Indianern *wakanda* (ins Englische übersetzt als *power*), um nur einige zu nennen. Mißverständliche deutsche Übersetzungen wären Macht, Kraft oder Stärke – Worte also, die mit Muskelkraft, Waffen- oder Gesetzesgewalt assoziieren. Im Unterschied dazu geht es bei den Begriffen wie *pneuma*, *prana* um etwas, dem die Worte Fähigkeit, Schaffens- oder Heilkraft, psychische Energie, Persönlichkeit, Zivilcourage, Würde, Selbstbewußtsein, Integrität oder *innere Kraft* am nächsten kommen dürften.

Das Erwerben dieser inneren Kraft ist ein typisches Märchenmotiv, und um diesen Erwerb dreht sich bei Naturvölkern das ganze Leben. Diesem Zweck dienen die kulturspezifischen Rituale und Praktiken wie Fasten, Visionssuche, Meditation, Gebet, ritueller Tanz. Um dies zu verstehen, mag es hilfreich sein, sich diese Kraft verkörpert in einer Substanz oder einem Wesen vorzustellen: Blut, Speichel, Haare, beziehungsweise wilder Mann, Zauberer, Riese, Bär, Löwe, Adler, Pferd usw. Das Erwerben von innerer Kraft besteht darin, diese Substanz zu erlangen bzw. mit diesem Wesen in Beziehung zu treten. Umgekehrt ist der Verlust dieser Substanz schwächend (so verlor *Samson* mit den Haaren seine Kraft).

In Märchen geht es in den verschiedensten Variationen um diesen Erwerb bzw. diese Kontaktaufnahme. Der Held ist konfrontiert mit einer zunächst unlösbar erscheinenden Aufgabe: die entführte Geliebte wiederzufinden, das Ungeheuer zu besiegen, die Prinzessin zu befreien. Durch den Erwerb von innerer Kraft ist er ermutigt, dem Problem zu begegnen, er ist beflügelt, die notwendigen weiten Wege zu gehen, inspiriert, die Aufgaben zu lösen, und befähigt, die Schwierigkeiten erfolgreich durchzustehen.

Um eine solche Kontaktaufnahme mit einem befähigenden Wesen (hier: wilder Mann) geht es in dem Märchen ›Der Eisenhans‹ der *Brüder Grimm*, welches von Robert Bly ausführlich interpretiert wurde. Ähnlichen Kraft verkörpernden Wesen bzw. Substanzen begegnen wir in ›Michel und die Schlange mit den sieben Köpfen‹ [S. 67], einer malaiischen Variante dieses Themas. Im Zigeunermärchen ›Ein Maschurdalo dient einem Zigeuner‹ [S. 72] ist die Kraft verkörpert im Riesen, im Pferd und im Blut; in der walachischen Überlieferung ›Wilisch Witiâsu‹ [S. 76] im unsterblichen, starken Mann und im Geier.

Sowohl im griechischen ›Hänschen, dem ein Mohr in den Mund speit‹ [S. 85] als auch im hawaiianischen ›Lonopuha oder Der Ursprung des Heilens und die Geschichte vom Milu‹ [S. 88] ist innere Kraft durch Speichel symbolisiert. Unserem westlichen Erfahrungshorizont am nächsten dürfte die japanische Geschichte ›Der Meister der Teezeremonie‹ sein [S. 94], der seine innere Kraft durch Meditation gewinnt.

Wie läßt sich nun das Konzept von innerer Kraft aus der Welt der Märchen bzw. Naturvölker in das abendländische Denken übersetzen? Was könnte es für den westlichen Mann bedeuten? Aus welchen Gründen könnte es für ihn wichtig sein, an Qualitäten wie Selbstbewußtsein, Persönlichkeit, Zivilcourage oder Integrität zu arbeiten? Einer der Wege für den westlichen Mann, innere Kraft zu erwerben, besteht darin, daß er an sich arbeitet. Daß er sich der Mühe unterzieht, sich seiner selbst bewußt zu werden. Daß er seine Identität nicht auf patriarchalischer Kraft begründet, sondern aus seinen eigenen Fähigkeiten schöpft.

Engagierte, lebensbejahende Männer

Die Helden vieler Märchen setzen ihr Leben für ein höheres Ziel oder für das Wohl des Ganzen ein. Auch wenn sie am Ende eine Belohnung, das halbe Königreich, die Prinzessin, erhalten, so war diese nicht immer das Motiv für ihren Kampf. Diese Haltung ist in verschiedenen Kulturen mit dem Ideal des Kriegers umschrieben, der nicht für egoistische Ziele kämpft. Aufgabe des Kriegers ist es vielmehr, den Stamm zu beschützen und die Erde zu bewahren; der Held im Märchen ist, so Helga Gebert, immer auch ein Liebender.

Dieses Ideal findet sich auch im mittelalterlichen Rittertum und in den Ursprüngen der verschiedenen asiatischen Selbstverteidigungskünste, wie zum Beispiel Judo oder Aikido.

Gegenwärtig entwickeln sich interessante Ansätze zu seiner Renaissance aus der Begegnung von Selbstverteidigungskünsten, indianischer und asiatischer Spiritualität und der nordamerikanischen Ökologie- und Friedensbewegung. Deren Vertreter meinen, daß es angesichts des naturzerstörerischen Kurses der Menschheit couragierter und phantasievoller politischer Aktionen durch »Krieger des Herzens« bedarf. Ein Beispiel dafür wäre Greenpeace, deren Aktionsschiff ›Regenbogen-Krieger‹ nach einer jahrhundertealten Prophezeiung der Cree-Indianer benannt ist. Darin heißt es: »Es kommt die Zeit, da fallen die Vögel von den Bäumen, die Flüsse sind vergiftet und die Wölfe sterben in den Wäldern. Dann aber werden die Regenbogen-Krieger erscheinen, um die Welt zu retten.«

Der Unterschied zwischen Soldat und Krieger besteht auch darin, daß dessen Waffe zunächst *symbolisch* zu verstehen ist: Die Auseinandersetzung findet zunächst innerlich statt. Matthew Fox spricht daher vom »inneren Krieger«.

So ist im Buddhismus der Krieger derjenige, der den Mut hat, seine eigenen Ängste anzuschauen. Das ›Vajra‹- oder ›Diamant-Schwert‹ befähigt den bewußten Willen, von inneren Blockaden zu trennen und aktiv zu werden. Es steht für Differenzierung und Klarheit des Bewußtseins. Es trennt von falschem Optimismus und Selbsttäuschungen und befähigt, der Wahrheit über ein Problem ins Auge zu schauen. Es schneidet Selbstmitleid und Zweifel ab.

Erst durch diese innere Auseinandersetzung ist der Krieger vorbereitet und fähig, nach außen zu wirken. Bei den Yaqui Nordmexikos sind die Krieger keine äußerlich erkennbaren oder privilegierten Personen. Sie sind eine Untereinheit des Stammes, sowohl Frauen als auch Männer, die ihre täglichen Arbeiten verrichten wie alle anderen auch. Aber sie haben die Aufgabe, der Gemeinschaft zu dienen, indem sie, wenn nötig, die Veränderung zum Stamm bringen. Die Yaqui sagen nicht, daß der Krieger die Veränderung »macht«. Nach ihrer Weltsicht existiert Veränderung als eine eigene Wesenheit, und der Krieger ist derjenige, der die Klarheit des Bewußtseins und den Mut besitzt, hinauszugehen, um sie zu finden und zum Stamm zu bringen.

Zusammenfassend ist der Krieger dem Ideal nach aktiv, ohne andere zu dominieren, er ist lebensbejahend und liebevoll. Solchen Männern begegnen wir in den Märchen des vierten Kapitels:

Die Helden im Zigeunermärchen ›Der arme Hirt‹ [S. 97] und in der ungarischen Überlieferung ›Die zwei Brüder‹ [S. 103] ziehen aus, um die Prinzessin beziehungsweise die Stadt aus der Herrschaft des Drachens zu befreien. Ähnlich macht sich der mongolische Held ›Vikramâditja‹ [S. 121] auf den Weg, das Volk von seinem fortwährenden Kummer zu erlösen. In der Berbergeschichte ›Vom Eseltreiber und dem Löwen‹ [S. 117] pflegt ein Mann einen verwundeten Löwen. Im Indianermärchen ›Die vier Brüder‹ [S. 119] begegnet uns ein weiser alter Mann, der jungen, ratsuchenden Männern die Heilkunst vermittelt.

Es hat mir Freude gemacht, Märchen aus den verschiedensten Ländern und Kulturen zu suchen und zu übersetzen. Ich habe dabei auch sehr viel über mich erfahren. Vielleicht geht es manchen Lesern ebenso...

Für ihre Hilfe und Unterstützung möchte ich der Märchenforscherin und -erzählerin Sigrid Früh, Ulrike Blaschek-Krawczyk, Brigitte Dorst und besonders Heidi Mönnich herzlich danken.

Stephan Marks

Quellenhinweise

=||=||=||=

Weinende Männer

Kambyses und *Psammenit*
  Herodot, *Historien 3*, 14
Der Vogel Gkión
  Bernhard Schmidt, *Griechische Märchen, Sagen und Volkslieder*. Leipzig 1877
Mataora und Niwareka
  Elsdon Best, *The Maori*, Memoir of the Polynesian Society, 5. Wellington 1924. Aus dem Englischen übersetzt und überarbeitet von Stephan Marks
Der Kristallberg
  A. N. Afanasjew, *Norodnye russkie skazki*. Moskau 1861. Aus dem Russischen übersetzt von Paul Walch, neu erzählt von Sigrid Früh
Das Abenteuer im Fluß
  Bradley, James A., *Bradley Manuscript-F.* Contributions to the Historical Society of Montana, Vol. VIII. 1917. Aus dem Englischen übersetzt von Stephan Marks
Die zwei Freunde
  T. J. Bezemer, *Volksdichtung aus Indonesien*. Haag 1904
Serungal
  Paul Hambruch, *Malaiische Märchen*. Jena 1922

Tanzende Männer

Der Rotwild-Tanz
  Clark Wissler und D. C. Duvall, *Mythology of the Blackfoot Indians*, Anthropological Papers, American Museum of Natural History, 2. 1908. Aus dem Englischen übersetzt von Stephan Marks

Häuptling Baitogógo nimmt Besitz vom Aíje-Geist
Johannes Wilbert und Karin Simoneau, *Folk Literature of the Bororo Indians*. Los Angeles 1983. Aus dem Englischen übersetzt von Stephan Marks

Die Schweine vom Teich
John LeRoy, *Kewa Tales*. Vancouver 1985. Märchen der Kewa aus Papua-Neuguinea. Aus dem Englischen übersetzt von Stephan Marks

Der reiche und der arme Häuptling
C. Velten, *Märchen und Erzählungen der Suaheli*. Stuttgart 1898. Überarbeitet von Stephan Marks

Die Brautwerbung des Hippokleides
Herodot, *Historien 6*, 127 ff

Der Doppelbuckel zu Calkaer
Johannes Wilhelm Wolf, *Deutsche Märchen und Sagen*. Leipzig 1845

Männer mit innerer Kraft

Michel und die Schlange mit den sieben Köpfen
Paul Hambruch, *Malaiische Märchen*. Jena 1922

Ein Maschurdalo dient einem Zigeuner
Heinrich von Wlislocki, *Volksdichtungen der siebenbürgischen und südungarischen Zigeuner*. Wien 1890

Wilisch Witiâsu
Arthur und Albert Schott, *Walachische Märchen*. Stuttgart 1845

Hänschen, dem ein Mohr in den Mund speit
J. G. von Hahn, *Griechische und albanesische Märchen*. Leipzig 1864

Lonopuha oder Der Ursprung des Heilens und die Geschichte von Milu
Thos. Thrum, *Hawaiian Folk Tales*. Chicago 1907. Aus dem Englischen übersetzt von Stephan Marks

Der Meister der Teezeremonie
Peter Payne, *Martial Arts*. The Spiritual Dimension. New York 1981. Aus dem Englischen übersetzt von Stephan Marks

Der arme Hirt
  Heinrich von Wlislocki, *Märchen und Sagen der Transsilvanischen Zigeuner*. Berlin 1886
Die zwei Brüder
  Elisabet Sklarek, *Ungarische Märchen*. Leipzig 1901
Das Heimtier
  Karl Friedrich Baltus, *Märchen aus Ostpreußen*. Kattowitz 1907
Eine Geschichte aus der Römerzeit
  Arthur und Albert Schott, *Walachische Märchen*. Stuttgart 1845
Die Geschichte vom Eseltreiber und dem Löwen
  Hans Stumme, *Märchen der Berber von Tamazratt in Südtunesien*. Leipzig 1900
Die vier Brüder
  Dieses Märchen wurde dem Herausgeber von einem Salish-Indianer erzählt
Vikramâditja besteigt als Bettler den Thron
  Bernhard Jülg, *Mongolische Märchen*. Innsbruck 1868
Der Schwertmeister
  Daisetz Teitaro Suzuki, *Zen und die Kultur Japans*. Stuttgart 1941

Verwendete Literatur in Auswahl

≡III≡III≡III≡

Robert Bly, *Der Eisenhans*. München 1991

Ingeborg Clarus, *Die Tränen, ihre äußere und innere Wirklichkeit*, in: Analytische Psychologie 22, 1991, S. 295 ff

Matthew Fox, *Creation Spirituality and the Recovery of the Spiritual Warrior*, in: Creation Spirituality 4, 1991, S. 16 ff

Helga Gebert, *Die sieben Söhne*, Märchen der Männer. Weinheim 1991

Robert Gilman, *Peace and the Warrior*. An Interview with Danaan Parry, in: In Context 20, S. 54 ff

Helmut Günther und Helmut Schäfer, *Vom Schamanentanz zum Rumba*. Stuttgart 1975

Walter Hollstein, *Nicht Herrscher, aber kräftig. Die Zukunft der Männer*. Reinbek 1991

Getrude Jobes, *Dictionary of Mythology, Folklore and Symbols*. New York 1961

Carl Gustav Jung, *Die Dynamik des Unbewußten* (Gesammelte Werke Bd. 8). Olten 1971

Richard Katz, *Num. Heilen in Ekstase*. Interlaken 1985

Petra Klein, *Tanztherapie*. Lilienthal 1988

Sam Keen, *Feuer im Bauch. Über das Mann-Sein*. Hamburg 1992.

Alexander und Margarete Mitscherlich, *Die Unfähigkeit zu trauern*. München 1967

Peter Payne, *Martial Arts. The Spiritual Dimension*. New York 1987

Christian Rätsch und Heinz J. Probst, *Namaste Yeti. Sei gegrüßt, Wilder Mann*. München 1985

Curt Sachs, *Eine Weltgeschichte des Tanzes*. Hildesheim 1976

Daisetz Teitaro Suzuki, *Zen und die Kultur Japans*. Stuttgart 1941

Bernhard Wosien, *Der Weg des Tänzers. Selbsterfahrung durch Bewegung*. Linz 1988

Märchen

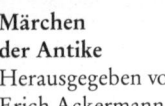

**Märchen
der Antike**
Herausgegeben von
Erich Ackermann
Band 2891

**Märchen vom
Blaubart**
Herausgegeben von
Ulrike Blaschek
Band 2879

**Märchen von
Dornröschen und
dem Rosenbey**
Herausgegeben von
Barbara Stamer
Band 10466

**Märchen von
Drachen**
Herausgegeben von
Sigrid Früh
Band 11380

**Märchen vom
Essen und Trinken**
Herausgegeben von
Hans-Jörg Uther
Band 11326

Märchen von Feen
Herausgegeben von
Frederik Hetmann
Band 10936

**Märchen und My-
then vom Fliegen**
(Hg.) C.Ott-
Koptschalijski/
W. Behringer
Band 2904

**Märchen
von Riesen**
Herausgegeben von
Erich Ackermann
Band 11674

**Die Frau, die
auszog, ihren
Mann zu erlösen**
Europäische
Frauenmärchen
Herausgegeben
von Sigrid Früh
Band 10463

**Märchen und
Geschichten aus
der Welt der
Mütter**
Herausgegeben
von Sigrid Früh
Band 2882

**Märchen und
Geschichten aus
Urgroßmutters
Schatztruhe**
Herausgegeben von
Erich Ackermann
Band 10461

Fischer Taschenbuch Verlag

fi 1524 / 4 a

Märchen

**Märchen und
Geschichten zur
Weihnachtszeit**
Herausgegeben von
Erich Ackermann
Band 2874

**Märchen und
Geschichten zur
Winterzeit**
Herausgegeben von
Erich Ackermann
Band 11446

**Märchen von
Handwerkern**
Herausgegeben von
Frieder Stöckle
Band 11379

**Märchen von
Hexen und
weisen Frauen**
Herausgegeben
von Sigrid Früh
Band 10462

Jüdische Märchen
Herausgegeben von
Israel Zwi Kanner
Band 2898

Keltische Märchen
Herausgegeben von
Frederik Hetmann
Band 2899

**Märchen
von Ketzern**
Herausgegeben von
Marlies Hörger
Band 10657

**Der König
der Raben**
Zaubermärchen
aus elf Ländern
Herausgegeben
von Josef Guter
Band 2849

**Märchen von
Leben und Tod**
Herausgegeben
von Sigrid Früh
Band 10206

**Märchen von
Liebe und Eros**
Herausgegeben von
Ulrike Blaschek
Band 10205

**Märchen von
Müttern und
Tochtern**
Herausgegeben von
Ulrike Blaschek-
Krawczyk und
Sigrid Früh
Band 11667

Fischer Taschenbuch Verlag

Märchen

Märchen von Mördern und Meisterdieben
Herausgegeben von Volker Ladenthin
Band 2887

Märchen von Nixen
Herausgegeben von Barbara Stamer
Band 10972

Märchen von Schicksal und Weissagung
Herausgegeben von Barbara Stamer
Band 2888

Die sieben Schwäne
Märchen des Mittelalters
Herausgegeben von Erich Ackermann
Band 2864

Märchen von Vätern und Töchtern
Herausgegeben von Renate Greinacher
Band 2886

Iring Fetscher
Wer hat Dornröschen wachgeküßt?
Das Märchen – Verwirrbuch
Band 11317

Johann Karl August Musäus
Die schönsten Volksmärchen von Musäus
Band 10207

Die wahren Märchen der Brüder Grimm
Herausgegeben von Heinz Rölleke
Band 2885

George Sand
Die wahrhaftige Geschichte des kleinen Gribouille
Herausgegeben von Ulrich C.A. Krebs
Band 2871

Jules Verne
Die Abenteuer der Familie Raton
Ein Märchen
Herausgegeben von Volker Dehs
Band 2880

Fischer Taschenbuch Verlag